Architektur in Deutschland
Architecture in Germany

Thematischer Schwerpunkt: Architektur Export
Main Subject: Export of Architecture

Herausgegeben von **Edited by**
Deutsches Architektur Museum, Frankfurt am Main
Ingeborg Flagge, Peter Cachola Schmal, Wolfgang Voigt

Mit Beiträgen von **With contributions from**
Stefan Behnisch, Ingeborg Flagge, Meinhard von Gerkan,
Peter Cachola Schmal, Wolfgang Voigt

und Baukritiken von **and reviews by**
Christof Bodenbach, Michaela Busenkell, Oliver Elser,
Yorck Förster, Oliver G. Hamm, Peter Hübner, Ursula Kleefisch-Jobst,
Karin Leydecker, Gerdt-Dieter Liedtke, Thomas Mellins, Andreas Ruby,
Enrico Santifaller, Peter Cachola Schmal, Wolfgang Voigt,
Cor Wagenaar, Andrea Wahr, Vitale Zanchettin, Gerwin Zohlen

Prestel
München ■ Berlin ■ London ■ New York

DAM **Deutsches Architektur Museum**
Frankfurt am Main

Das Jahrbuch 2002 ist dem »Export von Architektur« gewidmet. Dass Lord Foster in Deutschland den Reichstag umgebaut hat, dass Franzosen und Amerikaner am Pariser Platz vertreten sind – daran hat man sich gewöhnt. Die Präsenz ausländischer Architektur in deutschen Stadtbildern ist inzwischen eine Tatsache. Dagegen gibt es nur wenige deutsche Architekten, die die internationale Bühne mit eigenen Bauten bespielen. Die aber können sich sehen lassen.

Zwischen Im- und Export herrscht ein oft beklagtes Missverhältnis, dessen Hintergründe in den Essays beleuchtet werden. Meinhard von Gerkan und Stefan Behnisch berichten von ihren Erfahrungen im Ausland. Peter Cachola Schmal untersucht den Transfer von Architektur über Ländergrenzen – was muss sich ändern, wenn es nicht bei der bisherigen Einbahnstraße bleiben soll? In den Beiträgen von Ingeborg Flagge und Wolfgang Voigt wird die Geschichte befragt – war es früher anders?

Die Rezensionen beginnen mit einer Reihe aktueller Bauten, die deutsche Büros wie Auer+Weber, Barkow Leibinger, Bolles + Wilson oder gmp im Ausland realisieren konnten. Die Kritiker stammen aus den jeweiligen Ländern. Um dem »echten« Export für nichtdeutsche Auftraggeber auf die Spur zu kommen, wurde bewusst darauf verzichtet, die Auslandsbauten deutscher Behörden wie Schulen und Botschaften darzustellen. Mit dem Hochhaus von ABB in Shanghai wird ein Projekt vorgestellt, das im letzten Moment nicht fertiggestellt werden konnte. Da aber eine Baukritik ohne Beurteilung der Innenräume wenig sinnvoll ist, wurde aus der Rezension eine Reportage.

Der zweite und größere Teil der Baukritiken im Jahrbuch zieht wie in früheren Jahren eine Bilanz des aktuellen Baugeschehens im Inland. Die Auswahl der zwischen 2001 und Frühjahr 2002 fertiggestellten Bauten macht dabei deutlich, dass hohe und höchste Qualität unabhängig von formalen Richtungen und inhaltlichen Lagern erreicht werden kann. Neben etablierten Namen, die wie Behnisch, Behnisch & Partner, BRT, Braunfels, Henn, Kollhoff, Sobek, Schultes oder Störmer für höchst unterschiedliche Haltungen stehen, sind mit Brückner+Brückner, Seifert Stöckmann, J. Mayer H., Sauerbruch Hutton und Wandel Hoefer Lorch+Hirsch auch einige junge Büros mit herausragenden Arbeiten vertreten. Der Österreicher Günther Domenig schließlich steht für den besten ausländischen Beitrag, der in dieser Saison das Bauen in Deutschland bereichert hat.

Ingeborg Flagge ■ Peter Cachola Schmal ■ Wolfgang Voigt

Foreword

The 2002 Annual is dedicated to the subject of "architectural export". We have long since become accustomed to the fact that Lord Foster has converted the Reichstag in Berlin, and that French and American architects are represented on that same city's Pariser Platz. The presence of foreign architecture in the urban fabric of the German cities has become a fait accompli. Yet, while there is only a handful German architects whose own buildings grace the international stage, those that do are examples to be proud of.

The essays in this publication address the oft-cited disproportionate relationship between import and export in the field of architecture. Meinhard von Gerkan and Stefan Behnisch report on their experiences abroad. Peter Cachola Schmal examines the transfer of architecture across international boundaries, asking what has to be changed in order to ensure that this does not remain a one-way street. Ingeborg Flagge and Wolfgang Voigt look at the subject from a historical point of view and consider whether things were different in the past.

The architectural reviews begin with a number of current buildings by German firms abroad, among them Auer + Weber, Barkow Leibinger, Bolles + Wilson and gmp. The reviewers themselves are from the countries in question. In a bid to track down the "real" export to foreign clients, buildings commissioned by German public authorities, such as schools and embassies, have not been taken into consideration. The ABB high-rise in Shanghai was not completed as we went to press. As there is little point in reviewing a building without taking the interior into consideration, the planned review of this particular project has been replaced by a report.

As in previous years, the main focus of the architectural reviews in this publication is on current building projects in Germany. The choice of buildings completed between 2001 and the spring of 2002 clearly indicates that high standards of quality can indeed be achieved independently of formal trends and conceptual positions. Alongside such well established names as Behnisch & Behnisch, BRT, Braunfels, Henn, Kollhoff, Sobek, Schultes and Störmer, the outstanding work of a number of young architectural practices, such as Brückner + Brückner, Seifert + Stöckmann, J. Mayer H., Sauerbruch + Hutton and Wandel Hoefer Lorch + Hirsch, is also included. The Austrian architect Günther Domenig represents the best foreign contribution to enrich the field of architecture in Germany this season.

Ingeborg Flagge ■ Peter Cachola Schmal ■ Wolfgang Voigt

Qualität ist wichtig, nicht nationale Zugehörigkeit
Ingeborg Flagge

Den Import und Export von Waren und Dienstleistungen gibt es seit Menschenge-
denken. Immer und überall, wo eine Region oder ein Land Überfluss an dem einen
oder anderen hat, ist der Handel mit diesen eine Selbstverständlichkeit – vorausge-
setzt natürlich, dass der interessierte Partner dafür zahlen kann. Ein wenig anders ist
die Situation in der Architektur. Durch den engen soziologischen und wirtschaftlichen
Rahmen wurden hier stets die lokalen und regionalen Aspekte stärker gefördert.
Warum auch hätte ein westfälischer Bauherr im 17. Jahrhundert sein Fachwerkhaus
von einem englischen Handwerker errichten lassen sollen, wenn dies der örtliche
Baumeister genauso gut und wesentlich preiswerter konnte?

Andererseits hat es immer auch den ›internationalen Transfer‹ in der Architektur
gegeben, der aber nie alltägliche und durchschnittliche Bauten, sondern nur besondere Bauaufgaben wie Villen, Schlösser, Kirchen und prunkvolle Gärten betraf. Jürgen
Paul spricht in der Architektur von der »Dialektik regionaler Gebundenheit und erneu-
ernder Einwirkung von außen«[1], bei der es darum ging, ein »Gefälle auszugleichen«,
d. h. ein künstlerisches wie auch ein technisches Defizit wettzumachen. Dass die Einladung eines absolutistischen Herrschers wie Ludwig XIV. und seines ambitionierten
Ministers Colbert an Bernini, bei der Vollendung des Pariser Louvre mitzuwirken,

Master Huguet, Mateus Fernandes, Unvollendete Kapelle,
Kloster Mosteiro de Santa Maria da Vitória, Batalha, Portugal,
begonnen 1435
**Master Huguet, Mateus Fernandes, Unfinished Chapel,
monastery Mosteiro de Santa Maria da Vitória, Batalha,
Portugal, started 1435**

nichts mit Architekturimport als Entwicklungshilfe zu tun hatte, sondern hier der Star der meisterlichen Kolonnaden von St. Peter in Rom und dessen Berühmtheit gefragt waren, leuchtet ein. Die damalige Zeit unterscheidet sich da in keiner Weise von heutigen Gegebenheiten, wenn ein demokratischer Staat oder ein selbsternannter Potentat nach dem weltbekannten Architekten verlangen, um so das eigene Ansehen zu erhöhen. Entscheidend ist hier also das kulturelle Prestige eines Baumeisters, nicht dessen nationale Zugehörigkeit. Ludwig XIV., umgeben von hervorragenden französischen Architekten, verlangte nicht nach dem Sachverstand eines weiteren italienischen Architekten, sondern nach Bernini als Person. Dass dessen beschwingter Entwurf dann doch nicht zum Zuge kam, sondern schließlich der eher trockene, aber streng klassizistische von Perrault, hat nach Meinung Pauls weniger mit nationalen Gründen zu tun, als mit »Unterschieden des künstlerischen Geschmackes«.[2]

Gian Lorenzo Bernini, erstes Projekt für den Louvre, Paris, Frankreich, Ostfassade, 1664
Gian Lorenzo Bernini, first project for the Louvre, Paris, France, east facade, 1664

Sowohl Jürgen Paul als auch Friedrich Achleitner sind der Meinung, dass die gesamte Debatte um Import oder Export von Architektur und Architekten lächerlich sei und aus einem modernen »sammelnden, katalogisierenden und etikettierenden Geschichtsverständnis im Rahmen nationalstaatlicher Schablonen« geführt werde.[3] Bis in die siebziger Jahre des 19. Jahrhunderts habe die nationale Zugehörigkeit oder Abstammung eines Architekten im Vergleich zu seinen Meriten kaum eine Rolle gespielt. Auch die Polarität von national und international habe es bis zu diesem Zeitpunkt nicht gegeben.[4] Die Architektur der Zisterzienser habe so weit gereicht wie die Ausbreitung des Ordens, und die französischen Bauhütten hätten bis Ungarn gewirkt.

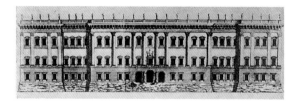

Gian Lorenzo Bernini, drittes Projekt für den Louvre, Paris, Frankreich, Ostfassade, 1664
Gian Lorenzo Bernini, third project for the Louvre, Paris, France, east facade, 1664

Architekturimport nach Deutschland gibt es seit dem Mittelalter. Da die Baumeister um diese Zeit noch nicht namentlich genannt wurden, sondern Bauhütten als Kollektive für einige der besten Bauten der Zeit verantwortlich zeichneten, sind nur Handschriften, keine Persönlichkeiten überliefert. Zwischen dem 11. und 12. Jahrhundert waren vor allem italienische und französische Handwerker in Deutschland unterwegs und hinterließen ihre gebauten Spuren. So dürften es Süditaliener gewesen sein, die die Bartholomäuskapelle neben dem Paderborner Dom um ca. 1017 zu errichten halfen. Die Gewölbekonstruktion aus Hängekuppeln – das einzige Werk dieser Art im nördlichen Europa – wird zwar Griechen (»per operarios graecos«) zugeschrieben, vermutlich dürfte es sich aber um Baumeister aus dem großgriechischen Raum Unteritaliens gehandelt haben. Griechen aus dem Mutterland selbst sind weder damals noch später als Experten am Bau bekannt. An vielen romanischen Kirchen, wie z. B. am Dom in Speyer, in Königslutter und in Goslar lassen sich im Hochmittelalter die Spuren lombardischer Steinmetzen nachweisen. Paul vermutet, dass selbst der Bremer Dom um 1050 nicht nur nach italienischem Vorbild, sondern vielleicht sogar von italienischen Handwerkern errichtet wurde.[5]

Im 12. Jahrhundert ist vor allem der französische Einfluss aus Cluny auf die Architektur in Deutschland festzustellen. Je weiter sich der Zisterzienserorden über Europa verbreitete, desto größer wurde im Gefolge der religiösen Eroberung auch der Einfluss der Zisterzienser-Bauhütten, die nicht nur die karge Architekturgestaltung zisterziensischer Bauten, sondern auch deren innovative Bautechniken zu verbreiten halfen. Mit der in Frankreich entstandenen Gotik schwoll die Zahl der Handwerker und Baumeister, die ihre Kenntnisse und Qualitäten ›exportierten‹ und auf ihren Wanderungen in den Dienst von Kirche und Städten stellten, nach 1150 zu einem mächtigen Strom an. Skizzen und Baubücher machen es möglich, den Weg zahlreicher Baumeister durch die Länder des damaligen Europas zu verfolgen. Auch erste konkrete Namen tauchen jetzt auf. Einer der bekanntesten ist Wilhelm von Sens. Er arbeitete als Bauhüttenleiter 1175 beim Wiederaufbau der Kathedrale von Canterbury, die durch einen Brand zerstört worden war. Da man den Neubau streng im französischen Stil wünschte, war er der geeignete Mann. In den Quellen heißt es über ihn: »admodum

Italienischer Saal im Italienischen Bau der Stadtresidenz Landshut, um 1542
Italian hall in Italian building, Landshut Residence, around 1542

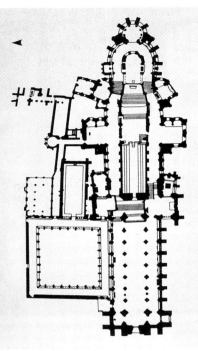

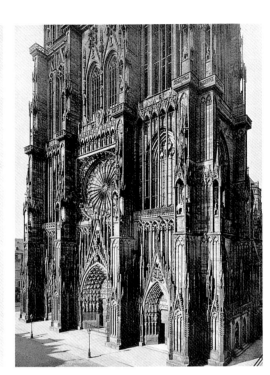

strenuus in ligno et lapide, artifex subtilissismus..., propter vivacitatem ingenii et bonam famam in opus susceperunt«, »weil er äußerst tüchtig in der Handhabung von Holz und Stein und ein sehr gewissenhafter Handwerker war, wegen seiner Geistesfähigkeiten und seines guten Rufes im Bauen.«

Nach der Einführung der französischen Gotik in England wurde auch Deutschland das Ziel zahlreicher französischer Baumeister. Auch wenn handfeste Beweise fehlen, gilt es doch als einigermaßen gesichert, dass das Straßburger Münster nach dem Vorbild von Saint Denis von einem Franzosen errichtet wurde. Der Baumeister Gerhard, der am Neubau des Kölner Domes, dem vielleicht ›französischsten‹ aller gotischen Dome Deutschlands, beteiligt war, brachte den Plan nach dem Vorbild der Kathedrale von Amiens wahrscheinlich aus Frankreich mit, eventuell war er auch selbst Franzose. Aber, so Jürgen Paul, »die deutsche Kunstgeschichtsschreibung hat aus nationalistischen Motiven die Frage nach den Personen vernachlässigt und lieber den Stil personifiziert.«[6]

Die Kathedrale von Narbonne ist zweifellos das Vorbild für den Dom in Prag. Matthias von Arras, der 1344 von Karl IV. für diese Aufgabe engagiert wurde, errichtete ihn in enger Anlehnung an das Original. Umgekehrt waren die bekannten Parler, eine aus Schwaben stammende Familie von vier Baumeistern unterschiedlicher Handschrift, nicht nur in Deutschland, sondern auch in Prag und in Mailand tätig. Französische Baumeister gelten als Begründer der portugiesischen Gotik, wo mit der Kirche von Batalha eine völlig neue Stilrichtung entstand.

Die Renaissance ließ den Architekten als Urheber eines Bauwerkes endgültig aus der Anonymität der mittelalterlichen Bauhütten heraustreten. Waren in der Gotik schon zahlreiche Architekten namentlich bekannt, aber die Zuordnung ihrer Werke oft noch unsicher, kennt die Kunstgeschichte nach 1450 die gesicherte Verbindung von Bauten und Namen. In dem Maße, in dem Architektenpersönlichkeiten und -begabungen bekannt wurden, begann auch der Handel mit deren Renommee. Wenn sich Potentaten – Könige, Fürsten oder Päpste – mit der Berühmtheit eines von ihnen begehrten Architekten schmücken wollten, war es gleichgültig, so Paul, ob dabei natio-

Bartholomäuskapelle, Paderborn, 1017 geweiht
Bartholomeus Chapel, Paderborn, sanctified 1017

Kathedrale von Canterbury, England, Grundriss, 1175–1493
Canterbury Cathedral, UK, groundplan, 1175–1493

Straßburger Münster, Frankreich, gotische Westfassade von Erwin von Steinbach und Sohn Jean, 1248–1339
Strasbourg Cathedral, France, Gothic west facade by Erwin von Steinbach and his son Jean, 1248–1339

nale Grenzen überschritten wurden oder es sich um Berufungen im eigenen Land handelte.[7] Die Päpste waren an Michelangelo, Bramante oder Raffael ähnlich interessiert wie der französische König Franz I., der den greisen Italiener Leonardo da Vinci nach Frankreich holte, »um ihn mit den Plänen für seine Residenz in Romorantin, für eine Stadt und ein Kanalsystem zu betrauen«. Seit dem 16. Jahrhundert schließlich kann man in ganz Europa von der Übermacht italienischer Architekten und italienischer Baukunst sprechen. Ohne italienischen Sachverstand wäre der erste Renaissance-Palast nördlich der Alpen, in Landshut, nicht entstanden. Ludwig X. von Bayern reiste 1536 nach Mantua, um sich dort den Palazzo del Te von Giulio Romano anzuschauen und dann zu entscheiden, dass er das Vorbild für Landshut werden solle. Der Architekt und Bildhauer Giovanni Nossini arbeitete am Hof in Dresden, Santino Solari baute 1614–1628 den Salzburger Dom. St. Petersburg wurde unter Peter dem Großen zwar von Holländern angelegt, aber erst durch italienische Architekten zu einem repräsentativen, großartigen Kunstwerk.

Italien war auch die Quelle der Inspiration für barocke Baumeister. Ob die Brüder Asam oder Lukas von Hildebrandt – man studierte in Rom und wandte das Gelernte und Gesehene im eigenen Land an. Was zählte, waren die Intelligenz und Intellektualität, nicht der Geburtsort. Am Ende des 30-jährigen Krieges, als sich Deutschland schließlich dem Barock zuwandte, waren es Italiener, die dem verspäteten Bauboom der Fürsten eine reiche Architekturgestalt gaben. Diese Entwicklung hielt an und erfuhr im 19. Jahrhundert ihren Höhepunkt – nun allerdings mit wachsenden nationalen Untertönen.

In einem vereinten Europa ohne nationale Grenzen sollte man diese Untertöne vergessen. Das allerdings ist nur möglich, wenn Architekturimport und -export keine Einbahnstraßen sind.[8]

1 Jürgen Paul, *Internationalität der Architektur in der Geschichte*, in: *Der Architekt*, 5, 1989, S. 261.
2 Ebd. S. 263.
3 Friedrich Achleitner, *Das »Europäische Haus«*, in: *Der Architekt*, 2, 1992, S. 87.
4 Friedrich Achleitner, *Ausländer rein*, in: *Der Architekt*, 5, 1990, S. 242.
5 Wie Anm. 1.
6 Ebd. S. 262.
7 Ebd.
8 Vgl. verschiedene Autoren in: *Der Architekt*, 5, 1990, S. 236–250.

Veitsdom, Prag, Tschechien,
Langhaus und nördliches Seitenschiff, 1344–1929
Prague Cathedral, Czechia, aisle and choir, 1344–1929

Antonio Rinaldi, Pavillon und ›Rutschberg‹ Katalnaya
Gorka, Oranienbaum bei Sankt Petersburg,
Russland, 1762–74
**Antonio Rinaldi, Pavillon and "Toboggan Hill"
in Katalnaya Gorka, Oranienbaum Palace near
St. Petersburg, Russia, 1762–74**

Goods and services have been imported and exported since time immemorial. Yet sociological and economic constraints have always promoted local and regional aspects in architecture. On the other hand, there has always been some form of international transfer, albeit relating only to specific building tasks. For instance, when an absolute ruler such as Louis XIV commissioned Bernini to help complete the Louvre in Paris, the cultural prestige of the architect played a crucial role.

Germany has been importing architecture since medieval times. In this case, it was not the individual architect, but the workshop of builders as a collective that was responsible for some of the era's finest buildings. Italian and French craftsmen, in particular, left their traces in the architecture of Germany in the eleventh and twelfth centuries. It was probably Southern-Italians who helped to build the Chapel of Saint Bartholomew next to Paderborn Dome around 1017. The sail vaulting there was the only example of its kind in Northern Europe. Many Romanesque churches of the High Middle Ages betray the work of master stonemasons from Lombardy.

In the twelfth century, the expansion of the Cistercian Order brought French architectural influences to Germany and went hand in hand with the spread of innovative construction techniques. With the rise of the Gothic Style, which originated in the French Cluny, there was a huge increase from 1150 onwards in the number of craftsmen and master builders exporting their expertise and standards of quality and working in the service of church and cities. One of the most famous of these was William of Sens, who was hired to supervise the rebuilding of Canterbury Cathedral from 1175. Soon many French master builders also worked in Germany. It is widely accepted that the Strasbourg *Minster* was built by a French architect. On the other hand, the famous Parler family of architects from Swabia were also active in Prague and Milan. French architects are regarded as the founders of Portuguese Gothic, where the church at Batalha marked the beginning of a new stylistic direction.

With the Renaissance, architects finally cast off the anonymity that had prevailed in the medieval *workshop*. As specific architectural names and talents became known, prestige began to play an important role. Popes took just as great an interest in the work of Michelangelo, Bramante and Raphael as, say, King Francois I, who called the elderly Italian Leonardo da Vinci to France.

It may be said that, from the sixteenth century onwards, Italian architects and builders predominated throughout Europe. Without Italian know-how, the first Renaissance palace north of the Alps, in Landshut, would never have been built. Dutch architects created the masterplan for St Petersburg under Peter the Great, but it was their Italian counterparts who made the city a magnificent showcase of architectural prestige.

Italy was also the source of inspiration for Baroque architects. They studied in Rome and returned to their own country to apply what they had learned and seen. At the end of the Thirty Years' War, when Germany's aristocracy unleashed a veritable construction boom, they looked to the Baroque, and once again it was Italians who turned their projects into exuberant reality. This development continued apace, culminating in the nineteenth century with an increasingly nationalist undertone.

In a united Europe without national boundaries, such undertones should be set aside. That is only possible, however, if the export and import of architecture is not a one-way street.

Ingeborg Flagge

Bartolomeo Francesco Rastrelli, Jordan-Treppe im Winterpalast, Sankt Petersburg, Russland, 1754–62
Bartolomeo Francesco Rastrelli, Jordan staircase in the Winter Palace St. Petersburg, Russia, 1754–62

Zur Vorgeschichte deutschen Architekturexports im 19. und 20. Jahrhundert
Wolfgang Voigt

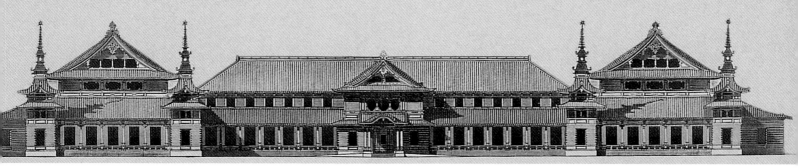

»Es beginnt sich auch draußen zu lohnen, was wir in der Heimat bauen.«

»Deutsche bauen in Athen«, hieß ein 1942 kurz vor der Niederlage von Stalingrad gedrucktes Buch von Hans Hermann Russack über die Werke deutscher Architekten im 19. Jahrhundert in Griechenland.[1] Dort war 1832 der Wittelsbacher Prinz Otto als erster König der neugegründeten Monarchie eingesetzt worden. Nach Jahrhunderten osmanischer Herrschaft fehlten einheimische Fachleute, und so ergoss sich ein Strom vorwiegend bayerischer Beamter über das von München ferngesteuerte Königreich.

In seinem Buch schildert Russack, wie Architekten von der Isar nach Athen reisten, um verschiedene Bauprojekte in Angriff zu nehmen. Aufsehen und Neid erregten die Initiativen des Münchner Hofbauintendanten Leo von Klenze, der die ersten Maßnahmen zur Sicherung des Parthenons und anderer antiker Ruinen auf der Akropolis veranlasste. Die Akropolis, das war nicht irgendein Ort; für die engagierten Klassizisten war sie wie heiliger Boden, der Gral der abendländischen Architektur. Die Chance, hier Ruhm zu erwerben, rief auch Karl Friedrich Schinkel, den Berliner Kollegen Klenzes, auf den Plan. Ohne Auftrag sandte Schinkel dem griechischen Monarchen 1834 sein verführerisches Projekt einer Königsresidenz auf der Akropolis, das Klenze sogleich bekämpfte, um König Otto ein eigenes Schlossprojekt auf einem anderen Hügel Athens zu empfehlen. Das Schloss durfte dann Friedrich von Gärtner bauen, Klenzes Münchner Kollege und Rivale, allerdings »ohne Pilaster und Gesimse« wegen der Armut des jungen Staates.

Russack vermeidet jeden Hinweis auf den Zweiten Weltkrieg oder auf Speers Staatsarchitektur. Rivalitäten zwischen Bayern und Preußen werden so weit wie möglich heruntergespielt, im Titel erscheinen die Akteure nur noch als »Deutsche«. Im Kontext der aktuellen Ereignisse konnte das Buch mit der Schlussfolgerung gelesen werden, Deutschland sei der legitime Nachfolger der antiken Kultur der Griechen. Diese wurden in der NS-Propaganda wegen ihrer einst eingewanderten dorischen Vorfahren umstandslos den Germanen zugeschlagen. Klenze und Kollegen erscheinen vor diesem Hintergrund wie Pioniere einer abendländischen Mission, die dem in der Zwischenzeit entarteten Volk sein architektonisches Erbe zurückbringen.

Im Erscheinungsjahr des Buches war halb Europa von deutschen Truppen besetzt. 1942 befanden sich hunderte deutscher Ingenieure und Architekten im Ausland; in Quantitäten gemessen war es der größte Architektur- oder sagen wir besser, Bauexport, den dieses Land zustande brachte. Hinter den Fronten sorgten sie für Straßen, Flughäfen, Bunker, Artilleriestellungen und Unterkünfte. Nach einem ›Endsieg‹ Großdeutschlands, so mochten manche Leser träumen, würden große Aufgaben gestellt, zu denen deutsche Architekten ins Ausland ausschwärmen würden, wie hundert Jahre vorher nach Athen. Was Russack verschwieg, war das klägliche Ende des

bayerischen Regiments in Athen; König Otto musste das Land 1862 verlassen, und mit ihm die deutschen Beamten.

Wege für Transfers – Nationalismus

In der vorindustriellen Zeit waren architektonische Transfers vorwiegend durch Migration der Entwerfer zustande gekommen – etwa durch die französischen und italienischen Baumeister, die sich im Barock und Rokoko in deutschen Residenzen nieder-ließen. Die Migration spielte auch im 19. Jahrhundert noch eine Rolle, wie bei Ignaz Hittorff, der von Köln nach Paris auswanderte[2]; wie bei Wilhelm von Traitteur aus Baden, der in Petersburg wirkte[3] oder bei dem Schinkel-Schüler Carl Ludwig Engel, der zum bedeutendsten Architekten Finnlands aufstieg. Andere wie der engagierte Demokrat Gottfried Semper wurden durch die reaktionäre Wende nach 1848 ins Ausland gezwungen.[4] Durch Auswanderung gelangten nicht wenige Vertreter der Berliner Schule und der Gärtner-Schule aus München in die USA[5], wo sich vor allem in Chicago eine größere Gruppe wiederfand.[6] Zu ihnen gehörte Dankmar Adler, der spätere Partner von Henry Sullivan.

Im 19. Jahrhundert verbesserten sich vor allem die Kommunikationsmittel auf allen Ebenen. Dank verfeinerter Drucktechnik und besserer Vertriebswege existierten regelmäßig erscheinende Architekturzeitschriften, die über die Grenzen ausgetauscht wurden. Ausländer besuchten die neuen Schulen wie die Pariser École des Beaux-Arts oder die Berliner Bauakademie. Die Vereinfachung der Kommunikation und des Reisens erleichterte die Transfers von Entwürfen und Aufträgen, die ohne dauerhaften Ortswechsel in der Ferne abgewickelt werden konnten; eine Prozedur, die unserer Vorstellung von Architekturexport bereits entspricht. Klenze profitierte davon nicht nur in Griechenland. Als der russische Zar Nikolaus I. bei einem Besuch in München 1838 die von Klenze entworfenen Museen Glyptothek und Pinakothek kennenlernte, lud er den Architekten nach Petersburg ein. Das Ergebnis war der Auftrag für ein neues Universalmuseum für alle Sparten der Künste, das als ›Neue Eremitage‹ neben dem Winterpalast gebaut und 1852 eingeweiht wurde.[7]

Eine neue Ebene des Austauschs waren die internationalen Wettbewerbe – wie 1851 für das erste Weltausstellungsgebäude in London, 1882 für den Berliner Reichstag oder 1922 für das Hochhaus der Chicago Herald Tribune.[8] Das Motiv zur Zulassung von Ausländern war pragmatischer Natur; sie erhöhte das Prestige der Auslober und steigerte den Ertrag der möglichen Lösungen ohne Mehrkosten. Der preisgekrönte Entwurf eines Ausländers war aber die absolute Ausnahme, und noch seltener folgte in solchen Fällen tatsächlich ein Auftrag zum Bauen – wie 1844 in Hamburg für die neugotische Nikolaikirche des Engländers George Gilbert Scott, wie 1876 in Helsinki für die Bank von Finnland nach dem Entwurf von Ludwig Bohnstedt, oder wie 1906 für den Internationalen Gerichtshof in Den Haag, entworfen von dem Franzosen L. M. Cordonnier.

Der überall aufkommende Nationalismus dämpfte die Chancen eines echten Austauschs. Die nationalen Berufseliten in den Preisgerichten und Bauverwaltungen verstanden es, eigene Interessen durch Abschließung nach außen abzusichern. Seitdem es Architekturwettbewerbe gibt, damit Entscheidungen auf eine kontrollierte, rationale Grundlage mit gleichen Chancen für die Teilnehmer gestellt werden, gibt es auch Möglichkeiten, die Kontrolle auszuhebeln, und zu allen Zeiten ist davon Gebrauch gemacht worden. Wenn hier von Export und verbesserten Möglichkeiten die Rede ist, darf nicht vergessen werden, dass bis in die zweite Hälfte des 20. Jahrhunderts der grenzüberschreitende Transfer von Entwürfen, denen auch Aufträge folgten, die rare Ausnahme darstellt.

Karl Friedrich Schinkel, Königsschloss auf der Akropolis in Athen, Griechenland, 1834
Karl Friedrich Schinkel, royal palace on Acropolis, Athens, Greece, 1834

George Gilbert Scott, Nikolaikirche in Hamburg, 1844–63
George Gilbert Scott, St. Nikolai's Church in Hamburg, 1844–63

Felder des Exports

Es gab Felder, auf denen der Architekturexport leichter gelingen konnte. Dazu gehörte das Bauen in den eigenen Kolonien oder für im Ausland engagierte Institutionen, wie die Kirchen[9] und Missionsgesellschaften, oder für das Deutsche Reich selbst, soweit es einen Bedarf an Auslandsbauten hatte, wie die Reichsbank für ihre Auslands-filialen. Das Auswärtige Amt ließ Botschaften, Konsulate und Auslandsschulen errichten, die in der Regel durch heimische Architekten oder Beamte der Reichs-bauverwaltung entworfen wurden.[10] Am bekanntesten wurde der Monumentalbau der kaiserlichen Botschaft in Petersburg von 1913, die Peter Behrens in einem stark reduzierten Neoklassizismus ausführte.

Entfaltungsmöglichkeiten ergaben sich in einigen souveränen Ländern außerhalb Europas, die gegenüber den Kolonien das Privileg hatten, ihre Modernisierungspartner selbst auswählen zu können. Japan wurde ein Stützpunkt deutscher Architekten, als unter der Meji-Dynastie die Öffnung des abgeschotteten Kaiserreichs begann.[11] Die Berliner Architektenfirma Ende & Böckmann ließ sich 1886 für fünf Jahre nach Tokio verpflichten, um ein provisorisches staatliches Bauamt zu organisieren und diverse Staatsbauten zu errichten. Gleichzeitig wurden japanische Architekten und Bauhandwerker zur Fortbildung nach Berlin geschickt. Willkommen waren die Deutschen später in der Türkei Kemal Atatürks, als das Land eine Periode forcierter Modernisierung erlebte.[12] So kam der Generalbebauungsplan der neuen Hauptstadt Ankara 1927 in die Hände des Berliner Städtebaulehrers Hermann Jansen. Auf Jansen folgte nach 1933 ein Strom deutscher Architektenkollegen, die wie Martin Elsaesser und Robert Vorhoelzer für mehrjährige Arbeitsaufenthalte oder wie Bruno Taut, Martin Wagner, Gustav Oelsner und andere als Emigranten in die Türkei kamen.

Stadtplanungen waren ein erfolgreicher Exportartikel, nachdem sich der Städtebau zuerst in Deutschland als wissenschaftliche Disziplin etablieren konnte. Den größten Erfolg hatte Josef Stübben, der international renommierte Autor des Standardwerks »Der Städtebau« und zugleich Stadtbaurat von Köln, dessen ab 1880 angelegte Kölner Neustadt starke Beachtung erfuhr.[13] Stübbens Auslandsplanungen sind Legion; besonders in Belgien, wo ihn eine Freundschaft mit König Leopold II. verband, war er in allen größeren Städten mit bedeutenden Aufgaben betraut, wie 1910–13 mit der Stadterweiterung von Antwerpen.

Solide Erfolge waren seit dem 19. Jahrhundert dann zu verzeichnen, wenn einzelne Bautypen das Interesse des Auslandes weckten. So ging der Auftrag für die Neue Eremitage an Klenze, nachdem durch seine Münchner Museen allgemein anerkannte Standards für diese neue Bauaufgabe formuliert worden waren. Als weiteres Beispiel sei das Berliner Reichstagsgebäude genannt, der letzte große Parlamentsbau des Jahrhunderts, nachdem die anderen Nationen Europas ihre Volksvertretungen schon früher realisiert hatten. Die Publizität des Wallot-Baus wirkte sich aus, als später in Asien Parlamentsbauten an deutsche Architekten vergeben wurden, wie 1891 in Tokio an die schon erwähnte Firma Ende & Böckmann und 1913 in Peking an den in Shanghai tätigen Curt Rothkegel.[14]

Der Welt das Gesicht geben

Am Ende des 19. Jahrhunderts war Deutschland an Stelle Englands zur führenden Industrienation geworden. Seine Kunstindustrie aber war zurückgeblieben wie die im Historismus befangene Architektur; der Nachholbedarf war nicht zu übersehen. Es den Japanern gleichzutun – englische Architekten nach Deutschland einzuladen, um die überlegene Kultur von ›arts and crafts‹ in Gestalt von Bauten zu importieren –, ließ der Nationalstolz nicht zu. Da fiel es leichter, mit dem Architekten Josef Olbrich einen

Hermann Muthesius, Das englische Haus, Titelbild, 1904
Hermann Muthesius, Das englische Haus, frontispiece, 1904

Hermann Muthesius, deutsche evangelische Kirche in Tokio, Japan, 1891
Hermann Muthesius, Lutheran church in Tokyo, Japan, 1891

Österreicher zu berufen, der 1900 als Leiter der Künstlerkolonie Mathildenhöhe nach Darmstadt geholt wurde. Dagegen blieb der in Weimar tätige, für die Entwicklung in Deutschland so wichtige Belgier Henry van de Velde ein stets beargwöhnter Ausländer, der im Ersten Weltkrieg wie ein feindlicher Spion interniert wurde und Deutschland später mied. In Preußen fand man zur Vorbereitung der Reform einen anderen Weg, indem Hermann Muthesius als Kundschafter in Fragen von Architektur und Kunstgewerbe für sechs Jahre nach England geschickt wurde. Die wichtigste Ausbeute seiner Mission war das 1904 erschienene Werk »Das englische Haus«, das der frühen Moderne im Inland entscheidende Impulse gab.[15]

Muthesius und van de Velde gehörten zu den Gründern, als die Reformbewegung in Kunstgewerbe und Architektur 1907 mit dem Deutschen Werkbund ihre wirkungsvolle Plattform erhielt. Das unter dem Motto der ›Qualitätsarbeit‹ angetretene breite Bündnis aus Architektur, Kunstgewerbe, Industrie und Politik trug dazu bei, das Niveau in den formgestaltenden Disziplinen im Ländervergleich auf einen der vorderen Plätze zu heben.[16] Im Werkbundjahrbuch von 1914 sah Peter Jessen die in ihrer Position gestärkten Architekten und Künstler bereits ›draußen‹ arbeiten: »Wir haben unseren Platz an der Sonne erkämpft auch im Reiche des Auges. Es beginnt sich auch draußen zu lohnen, was wir zunächst in der Heimat für die Heimat bauen, bilden, organisieren.«[17] Unter dem Eindruck des Ersten Weltkriegs ließ sich Muthesius dazu hinreißen, die Weltherrschaft in der Formgebung zu fordern: »Es gilt viel mehr als die Welt zu beherrschen (...) Es gilt ihr das Gesicht zu geben. Erst das Volk, das diese Tat vollbringt, steht wahrhaft an der Spitze der Welt, und Deutschland muss dieses Volk werden«.[18] Die geradewegs in den Krieg führenden Großmachtträume der wilhelminischen Ära färbten auch auf die Architekten ab.

Tatsächlich gab es schon vor 1914 eine bemerkenswerte Bauoffensive durch die großen Unternehmen des Hoch- und Tiefbaus, die selbstbewusst ihr Auslandsgeschäft entwickelten. Als Ausdruck stolzer Weltläufigkeit erhielt die 1915 fertiggestellte Hauptverwaltung von Philipp Holzmann in Frankfurt einen Eingangsportikus, bekrönt mit allegorischen Statuen, welche die Kontinente darstellten, in denen das Unternehmen tätig war.[19] Im von Ingenieuren geprägten Milieu der Baufirmen konnte der Werkbund auch nach 1918 nicht Fuß fassen. Zur Zusammenarbeit mit der Architekturmoderne kam es zwar bei großen Wohnsiedlungen im Inland, nicht aber auf den auswärtigen Baustellen, wo die Firmen ihre eigenen Architekten für die Hochbauten einsetzten. Gerade im Ausland wollte die vielbeschworene Achse zwischen ›Kunst und Industrie‹ nicht funktionieren.

Für einen demonstrativen Auslandsbau, der als Geschenk der Deutschen an die osmanischen Alliierten in Istanbul errichtet werden sollte, richtete der Werkbund während des Ersten Weltkriegs 1916 den Wettbewerb ›Haus der Freundschaft‹ aus. Unter den eingereichten Arbeiten war Hans Poelzigs mit Dachgärten versehener, orientalisch gestimmter Terrassenbau der ausdrucksstärkste Beitrag, er bekam allerdings keinen Preis.[20] Aber auch der Preisträger German Bestelmeyer konnte nicht bauen, weil der Kriegsverlauf das Projekt scheitern ließ. Nach der militärischen Niederlage von 1918 befand sich Deutschland politisch in der Isolation, die Auslandsvisionen waren fürs erste ausgeträumt. Von internationalen Kongressen und Ausstellungen, wie der Exposition Internationale des Arts décoratifs in Paris (1925), blieb das Land bis Mitte der zwanziger Jahre ausgeschlossen. Anstelle stolzer Auslandsbauten und Kolonialbauten in Übersee entstanden nun Wohnsiedlungen am Stadtrand, deren Straßennamen noch heute an den Verlustschmerz über die verlorenen Kolonien erinnern. Ludwig Mies van der Rohes erstes größeres Bauprojekt, die 1924 errichteten Flachdachzeilen der ›Afrikanischen Straße‹ in Berlin, gehört in diese Phase.

Weißenhofsiedlung, Stuttgart, 1927
Weissenhofsiedlung, Stuttgart, 1927

Internationale Architektur

Eine entspannte Haltung zum Ausland zeichnete sich ab, als der Bauhausdirektor
Walter Gropius 1925 seinen programmatischen Bildband »Internationale Architektur«
veröffentlichte. Beeinflusst von Wölfflins Idee des einer jeden Epoche innewohnenden
›Kunstwollens‹, vertrat er darin eine über alle Grenzen gültige »Einheitlichkeit des modernen Baugepräges«, die in allen Völkern gleichzeitig zur Wirkung komme. Das Buch
zeigte eine bewusste Auswahl von Gegenwartsbauten und Projekten der Moderne
aus verschiedenen Ländern, nicht ohne Gropius selbst eine Rolle unter den Anführern
zuzuweisen, denn gleich hinter den ›Vätern der Moderne‹ wie Behrens, van de Velde
und Berlage, aber noch vor Frank Lloyd Wright und Le Corbusier waren Abbildungen
der eigenen Bauten eingerückt.[21] Henry Russell-Hitchcock und Philip Johnson nah-
men den Gedanken 1932 auf und stellten eine auf Formkriterien reduzierte Moderne
vor, die sie als ›Internationalen Stil‹ kanonisierten.[22]

   Mit der Weißenhofsiedlung des Werkbundes in Stuttgart (1927) erhielt der neue
Internationalismus sein exponiertestes Manifest.[23] Die Einladung an Le Corbusier und
vier andere Ausländer, mit eigenen Wohnhäusern an der ansonsten von deutschen
Kollegen entworfenen Siedlung teilzunehmen, war ein gegen nationalistische Ressen-
timents durchgesetztes Novum. Der Weißenhof dokumentierte den Durchbruch der
Avantgarde dauerhaft, denn im Unterschied zu früheren Ausstellungen handelte es
sich um permanente Bauten, die ›Ausländer‹ eingeschlossen, die als gebaute Mani-
feste stehen blieben. Dank der großen internationalen Publizität des Neuen Bauens
schien Ende der zwanziger Jahre die zunächst am Weltkrieg gescheiterte Strategie
aufzugehen – deutsche Architektur war im Ausland gefragt. Als der Deutsche Werkbund 1930 in Paris ausstellen durfte, schien ein Bann gebrochen. Eine Welle von
Einladungen kam aus der Sowjetunion, die für den Fünfjahresplan den Import
moderner Architektur und Technologie betrieb. Dutzende Vertreter der deutschen
Avantgarde kamen ins Land, darunter der frühere Bauhausdirektor Hannes Meyer
oder Ernst May aus Frankfurt, der neue Industriestädte projektierte und viele seiner
Mitarbeiter nach Russland mitbrachte.[24]

Walter Gropius, Internationale
Architektur, Titelbild 1925
**Walter Gropius, Internationale
Architektur, frontispiece, 1925**

brain drain, verbrannte Erde

Die desaströse Fortsetzung der Geschichte im ›Dritten Reich‹ muss nicht wiederholt
werden, sie ist bekannt. Der Nationalsozialismus führte nach 1933 zu den schädlichs-
ten Verzerrungen des Architekturexports: erstens zur vielhundertfach erzwungenen
Emigration[25] und damit zum größten *brain drain* der Architekturgeschichte; ein Verlust,
der das Fach als solches nachhaltig schädigte. Den Exilierten geschah kapitales
Unrecht, die Wirkung für das Land selbst war die einer gigantischen Selbstamputation
mit Spätschäden bis in unsere Tage. Die zweite Folge waren die schon erwähnten
Planungen und Bauten in den besetzten Gebieten. Die entsandten Architekten kamen
als ungebetene Vollstrecker gewaltförmiger großdeutscher Raumordnung ins Land
oder waren, mit militärischen Bauten befasst, nichts anderes als Kombattanten am
Reißbrett. Die Wirklichkeit war gleichwohl komplizierter als in dieser notgedrungen
groben Skizze wiedergegeben. Mitunter waren, wie in der lothringischen ›Westmark‹,
sensible Planer am Werk (Emil Steffann!), deren Arbeit von beiden Seiten der früheren
Front mit Anerkennung bedacht worden ist.[26]

   Im Westdeutschland der Nachkriegszeit beschränkte sich der Architekturexport
auf einen kleinen offiziellen Sektor diplomatischer Vertretungen, Auslandsschulen,
Kulturinstitute und Weltausstellungspavillons von Egon Eiermann in Brüssel (1958) und
Frei Otto in Montreal (1967).[27] Die Auslandsauftritte der Bundesrepublik zelebrierten
eine Moderne der Bescheidenheit, um den auftrumpfenden Pavillonturm Albert

Speers vergessen zu machen, der das Deutsche Reich auf der Weltausstellung in Paris 1937 repräsentierte.[28] Wirtschaftlich erholte sich das Land in rasantem Tempo, und mit dem ›Wirtschaftswunder‹ entwickelt es sich sogar zum Exportland *par excellence*, paradoxerweise jedoch nicht in der Architektur. Die Architekten waren vom Wiederaufbau und Ausbau des Landes absorbiert, und dies blieb so bis in die siebziger Jahre.

Während die Deutschen mit sich selbst beschäftigt waren, kümmerten sich andere mit Erfolg um den internationalen Markt. Ein amerikanisierter Internationaler Stil entwickelte sich zum staatlich geförderten Ausfuhrartikel der außerhalb des Ostblocks einzigen dominierenden Macht.[29] Im Einflussbereich des Westens bildete sich in den fünfziger und sechziger Jahren ein weltweiter Markt für Architektur, auf dem nordamerikanische Büros – unter ihnen mit Gropius/TAC, Mies van der Rohe und Marcel Breuer die prominenten Emigranten – zu ersten ›global players‹ heranwuchsen. Aus deutscher Perspektive entstand ein ernster Anreiz zum Engagement im Ausland erst, als die satten Verdienstmöglichkeiten durch das dauerhafte Absacken des Bauvolumens in den siebziger Jahren beschnitten wurden. Dass die deutschen Kollegen das von ihnen selbst verbrannte Feld erst spät wieder betraten, wird aus der Vorgeschichte verständlich. Es bleibt aber die Frage, warum sie es fast 30 Jahre später nicht geschafft haben, mehr als einen Fuß in der Tür zu haben.

Hans Poelzig, Haus der Freundschaft in Istanbul, Türkei, Wettbewerb 1916
Hans Poelzig, House of friendship in Istanbul, Turkey, competition 1916

1   Hans Hermann Russack, *Deutsche bauen in Athen*, Berlin 1942.
2   *Jakob Ignaz Hittorff. Ein Architekt aus Köln im Paris des 19. Jahrhunderts*. Ausst. Kat. Wallraf-Richartz-Museum Köln, Köln 1987.
3   Sergej Fedorov, *Wilhelm von Traitteur. Ein badischer Baumeister als Neuerer in der russischen Architektur 1814–1832*, Berlin 2000.
4   Martin Fröhlich, *Gottfried Semper*, Zürich 1991.
5   Kathleen Curran, *Gärtners Farb- und Ornamentauffassung und sein Einfluss auf England und Amerika*, in: Winfried Nerdinger (Hrsg.), *Friedrich von Gärtner. Ein Architektenleben 1791–1847*, München 1992, S. 185–218.
6   Roula M. Geraniotis, *Ein früher deutscher Beitrag zur Chicagoer Moderne*, in: John Zukowsky (Hrsg.), *Chicago Architektur 1872–1922*, Aust. Kat. DAM, München 1988, S. 93–108.
7   Winfried Nerdinger (Hrsg.), *Leo von Klenze. Architekt zwischen Kunst und Hof 1784–1864*, München 2000.
8   Hilde de Haan, Ids Haagsma, *Architects in Competition. International Architectural Competitions of the last 200 Years. With essays by Dennis Sharp and Kenneth Frampton*, London 1988.
9   Jürgen Krüger, *Deutsche evangelische Kirchen im Ausland – vom einfachen Kapellenbau zur nationalen Selbstdarstelung*, in: Klaus Raschzock und Reiner Sörries (Hrsg.), *Geschichte des protestantischen Kirchenbaues. Festschrift für Peter Poscharsky zum 60. Geburtstag*, Erlangen 1994, S. 93–100.
10 Hartmut Niederwöhrmeier, *Die deutschen Botschaftsgebäude 1871–1945*, Darmstadt 1977.
11 Michiko Meid, *Der Einführungsprozess der europäischen und der nordamerikanischen Architektur in Japan seit 1542* (11. Veröffentlichung der Abteilung Architektur des Kunsthistorischen Instituts der Universität Köln, hrsg. von Günther Binding), Köln 1977.
12 Bernd Nicolai, *Moderne und Exil. Deutschsprachige Architekten in der Türkei 1925–1955*, Berlin 1998.
13 Oliver Karnau, *Hermann Josef Stübben, Städtebau 1876–1930*, Braunschweig-Wiesbaden 1996.
14 Torsten Warner, *Deutsche Architektur in China. Architekturtransfer. German Architecture in China. Architectural Transfer*, Berlin 1994.
15 Hermann Muthesius, *Das englische Haus*, Bd. I–III, Berlin 1904.
16 Joan Campbell, *Der Deutsche Werkbund 1907–1934*, Stuttgart 1981.
17 Peter Jessen, *Deutsche Form im Weltverkehr*, in: *Der Verkehr. Jahrbuch des Deutschen Werkbundes 1914*, Jena 1914, S. 1–6.
18 Hermann Muthesius, *Die Zukunft der deutschen Form*, Aufsatz von 1915, zit. nach Julius Posener, *Anfänge des Funktionalismus. Von Arts and Crafts zum Deutschen Werkbund*, Berlin 1964, S. 41–42.
19 Hans Meyer-Heinrich, *Philipp Holzmann Aktiengesellschaft im Wandel von hundert Jahren 1849–1949*, Frankfurt 1949.
20 Matthias Schirren (Hrsg.), *Hans Poelzig. Die Pläne und Zeichnungen aus dem ehemaligen Verkehrs- und Baumuseum in Berlin*, Berlin 1989.
21 Walter Gropius (Hrsg.), *Internationale Architektur* (Bauhausbücher Bd. 1), München 1925; dazu Vittorio Magnago Lampugnani, *Die Geschichte der Geschichte der ›Modernen Bewegung‹ in der Architektur 1925–1941, eine kritische Übersicht*, in: Vittorio Magnago Lampugnani, Romana Schneider (Hrsg.), *Moderne Architektur in Deutschland 1900 bis 1950. Expressionismus und Neue Sachlichkeit*, Ausst. Kat. DAM, München 1994, S. 273–296.
22 Henry Russell-Hitchcock, Philip Johnson, *The International Style*, New York 1932.
23 Karin Kirsch, *Die Weißenhofsiedlung*, Stuttgart 1987.
24 Christian Borngräber, *Ausländische Architekten in der UdSSR: Bruno Taut, die Brigaden Ernst May, Hannes Mayer und Hans Schmidt*, in: *Wem gehört die Welt – Kunst und Gesellschaft in der Weimarer Republik*, Ausst. Kat. NGBK, Berlin 1977, S. 109–137.
25 Bernd Nicolai, *Architektur*, in: Claus-Dieter Krohn u. a. (Hrsg.), *Handbuch der deutschsprachigen Emigration 1933–1945*, Darmstadt 1998, S. 691–703.
26 Jean-Louis Cohen, Hartmut Frank, *Architettura del'occupazione. Francia e Germania 1940–1950*, in: *Casabella 567*, 1990, S. 40–58; Ulrich Höhns, *Grenzenloser Heimatschutz 1941. Neues, altes Bauen in der ›Ostmark‹ und der ›Westmark‹*, in: Vittorio Magnago Lampugnani, Romana Schneider (Hrsg.), *Moderne Architektur in Deutschland 1900 bis 1950. Reform und Tradition*, Ausst. Kat. DAM, Stuttgart 1992, S. 282–301.
27 Olaf Asendorf, Wolfgang Voigt, Wilfried Wang (Hrsg.), *Botschaften. 50 Jahre Auslandsbauten der Bundesrepublik Deutschland*, Ausst. Kat. DAM, Bonn 2000.
28 Paul Sigel, *Exponiert. Deutsche Pavillons auf Weltausstellungen*, Berlin 2000.
29 Greg Castillo, *Triumph und Transformation. Amerikanischer Modernismus 1952–1968. Triumph and Transformation: American Modernism 1952–1968*, in: Helge Bofinger, Wolfgang Voigt (Hrsg.), *Helmut Jacoby. Meister der Architekturzeichnung. Master of Architectural Drawing*, Ausst. Kat. DAM, Tübingen 2001.

In the nineteenth century, the increasing speed of communication and travel facilitated the transfer of projects and building contracts that could be undertaken without moving abroad permanently. It was a procedure which, even then, was very similar to current notions of architectural export. A new form of exchange took place in the form of architectural competitions. However, foreigners seldom won the first prize and even more rarely were they actually commissioned to build. Everywhere, the rise of nationalism hindered the chances of genuine exchange. There were some areas, however, in which architectural export did blossom. They included the German colonies, the ecclesiastical sector and the Foreign Office, which built embassies and schools. There were also opportunities in countries seeking modernisation, which, unlike the colonies, were in a position to choose their own partners. Japan became an important base for German architects when the empire began to open up to foreign influences. Germans were also welcome in Turkey as it modernised under Atatürk. Urban planning became a successful export article after it had originated as a scientific discipline in Germany.

Around 1914, the evident success of the Deutscher Werkbund and the reforms it triggered mobilised the dream of a leading nation of architects. "Far more important than ruling the world … is giving the world a face. It will be the nation to achieve this who are truly the leaders of the world, and Germany must become that nation." Instead, Germany's defeat in 1918 resulted in political isolation, and with that the end of prestigious building projects abroad. A new attitude to foreign countries is echoed in Gropius' "International Architecture" of 1925 in which he propagates a "unity of modern building" among all peoples. The new internationalism found its most public expression in the Weissenhofsiedlung in Stuttgart (1927). Inviting Le Corbusier and four other foreign architects to participate in the project with their own designs for houses countered nationalist sentiments in a new way. Towards the end of the 1920s, the strategy that had been interrupted by the war seemed to gain ground – German architecture was in demand abroad. A number of invitations were received, some of them from the Soviet Union, whose five-year plan involved importing modern architecture and technology.

The disastrous course of history culminating in the Third Reich is well known. National Socialism brought the forced emigration of the country's finest talents, resulting in a gigantic self-amputation with damaging repercussions right up to the present day. Planning and building in the occupied territories during World War II still represents what was surely the largest-scale architectural export the country ever undertook. In the 1950s and 1960s West Germany's presence abroad was limited to a small official sector in which a modest modernism was demonstratively celebrated. West Germany became a major exporter, but not in the field of architecture. While German architects were busy with rebuilding their own country, others turned successfully to the international architecture market on which North American firms, among them some prominent German emigrants, became the first global players.

The fact that German architects did not enter the field they themselves had destroyed until the 1970s is understandable given their history. But it does not explain why their international position is still so weak today. *Wolfgang Voigt*

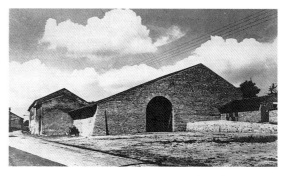

Emil Steffann, Scheune mit Notkirche, Bust in Lothringen, Frankreich, 1942 – 43
Emil Steffann, barn with makeshift chapel, Bust, Lorraine, France, 1942 – 43

Fit für den Architekturexport?
Peter Cachola Schmal

Deutschland ist Exportweltmeister. In vielen Bereichen mag das stimmen, in der
Architektur nicht. Das ›Außenhandelsdefizit‹ ist auf diesem Feld deutlich spürbar.
In der Architektur sind wir Importweltmeister. Der genaue Umfang ausländischer
Architektenleistungen in Deutschland ist schwer zu ermitteln, aber bereits im Kleinen
erkennbar. Klaus Dieter Weiss belegte dies in dem furiosen Artikel »Westfälische Welt-
architektur« am Beispiel einer Region.[1] Er fand im strukturschwachen Westfalen eine
erstaunliche Reihe internationaler Architekten: Botta, Calatrava, Gehry, Gigon & Guyer,
Hadid, Mendini, Natalini, Reichlin und Zumthor. Offenbar ist Deutschland für etliche
Büros nicht nur das zweite Standbein. Das Portfolio von Lord Norman Foster verzeichnet 29 Projekte in England, 25 in Deutschland, 29 weitere im übrigen Europa und
22 Projekte weltweit. Verständlich, dass er mit dem ›Queen's Award for Export‹ aus
gezeichnet wurde. Helmut Jahn baut 15 seiner derzeit 28 ›current work‹-Projekte in
Deutschland und hat bisher drei Filialen in seiner alten Heimat gegründet. Bezeich-
nenderweise zieren Bilder ihrer Berliner Projekte Reichstag und Sony Center den
Projektbereich der Websites beider Büros.

Die Gründe für die Beauftragung ausländischer Architekten sind vielfältig. Auf der
einen Seite steht die Motivation von Bürgermeistern, Planungsamtleitern und anderen
Entscheidungsträgern, die lieber eine Dienstreise nach Los Angeles, London oder
Tokio unternehmen, um sich im geborgten Glanz der Architekturstars zu sonnen, als
ins unspektakuläre Düsseldorf, Hamburg oder Berlin zu fahren. Auf der anderen Seite
winkt unseren ausländischen Kollegen ein im Vergleich zu ihrer Heimat höheres
Honorar. Dies ergibt sich aus der Kombination von größerem Umfang der Architektenleistungen, relativ hohen Baukosten und der festgelegten deutschen Honorarordnung.

Auswahl der Export-Projekte

Laut Bundesarchitektenkammer sind nur rund 2% der deutschen Architekturbüros im
Ausland tätig, weitaus weniger als in Frankreich, England oder Holland. Von 40 000 in
den Kammerlisten eingetragenen Büros haben 700 Exporterfahrung. Der größte Anteil
der Bauten besteht aus Ferienhäusern für Freunde, Verwandte oder zur Eigennutzung.
Die Anzahl der zur Auswahl stehenden, qualitativ herausragenden Bauten deutscher
Architekten im Ausland, die das Kriterium erfüllen, ab 2001 fertig gestellt und nicht
im Auftrag des Auswärtigen Amts (wie Deutsche Botschaften und Schulen) errichtet
worden zu sein, ist klein. Dabei stellten sich die Büros Behnisch, Behnisch und Partner
aus Stuttgart und gmp aus Hamburg als die erfolgreichsten Exporteure heraus (siehe
Essays von Stefan Behnisch und Meinhard von Gerkan). Mit einem Bankhochhaus in

Foster + Partners, London, UK:
Reichstag in Berlin als Hintergrund der Website
Foster + Partners, London UK: Website image: Reichstag Berlin

Murphy / Jahn, Chicago, Illinois, USA:
Sony Center in Berlin als Hintergrund der Website
Murphy / Jahn, Chicago: Website image: Sony Center in Berlin

der chinesischen Metropole Shanghai der Frankfurter ABB Architekten, einem Theater
im holländischen Rotterdam von Bolles + Wilson aus Münster, der Neuen Messe im italienischen Rimini von gmp, einer Fabrik im amerikanischen Bundesstaat Connecticut
von Barkow Leibinger aus Berlin und schließlich einem Hotel für das European Space
Observatory auf der chilenischen Hochebene der Münchner Auer + Weber werden in
diesem Jahrbuch fünf solcher Beispiele im Einzelnen vorgestellt.

Wer baut im Ausland?

Der bekannteste deutsche Architekt im Ausland ist weder architektonisch repräsen-
tativ noch deutsch: der Amerikaner Daniel Libeskind, der in der Architektenkammer
Berlin eingetragen ist. Der überraschende Auftrag zum Bau des Jüdischen Museums
hatte ihn bewogen, sein Büro in der deutschen Hauptstadt zu gründen. Mit weiteren
spektakulären Projekten in den USA und England, Israel, Spanien und der Schweiz
ist Libeskind inzwischen zu einem Exportschlager seiner neuen Heimat geworden.

Bei drei Projekten allein in Amerika könnte die Gründung einer Dependance anstehen. Dies ist die eindeutigste Form des gelungenen Exports. So hält sich Bodo Mahmud Rasch aus Leinfelden/Echterdingen mit Vorliebe in seiner Filiale in Jeddah auf. Vor langer Zeit zum Islam konvertiert, baut er mit seiner Firma SL-Rasch GmbH in Saudi-Arabien, Malaysien und Ägypten. Das Ergebnis sind bewegliche, leichte Konstruktionen wie verschiebbare Kuppeln oder sich automatisch öffnende Riesen-Sonnenschirme. Das schwäbische Talent zum Tüfteln ist dem »Norman Foster des Orients«, wie *Der Spiegel* ihn reißerisch beschreibt, nicht verloren gegangen.[2] Aufgrund einer großen Gruppe polnischer Mitarbeiter hat das Architekturbüro RKW aus Köln vor zwei Jahren die eigenständige Firma Polska Sp.z.o.o. in Warschau gegründet. Nach zwei Jahren steht die neue Firma mit 15 Mitarbeitern und einer Vielzahl von Projekten, oft im Auftrag deutscher Projektentwickler oder Immoblienfonds, auf eigenen Beinen. Novotny + Mähner aus Offenbach haben eine Filiale im italienischen Bozen gegründet, als sie in Meran eine Klinik bauten. Behnisch, Behnisch und Partner gehen diesen Weg in Los Angeles und realisieren ihren ersten amerikanischen Auftrag, ein Bürohaus in Cambridge, Massachusetts. Für Zvi Hecker aus Tel Aviv ist Berlin die Filiale, aus der er weltweit tätig ist. Das gleiche gilt für die Brüder Ortner + Ortner aus Wien, deren Projekte gleichwertig in Österreich und Deutschland verteilt sind. Auch der Schweizer Max Dudler arbeitet in Berlin und hat dort seinen Schwerpunkt, betreibt aber noch ein kleineres Büro in Zürich. Finn Geipel baut mit seinem Büro LABFAC Paris nur in Frankreich, pendelt aber als Professor der TU Berlin zwischen beiden Ländern. Auf selbstverständliche Weise sind binationale Paare in beiden Ländern heimisch, was sich in einer deutlichen Präsenz in dortigen Architekturmedien widerspiegelt. Matthias Sauerbruch und die Engländerin Louisa Hutton aus Berlin haben drei Häuser in London gebaut und letztes Jahr als Gewinner eines Wettbewerbs einen Auftrag für das Museum of Contemporary Art Sydney bekommen. Julia Bolles und der Engländer Peter Wilson aus Münster konnten bereits in England, Japan und Holland bauen. Für den Amerikaner Frank Barkow und Regine Leibinger, ebenfalls aus Berlin, war die amerikanische Fabrik der erste Auftrag außerhalb Deutschlands.

Ob sich nach einem ersten Auftrag im Ausland ein weiterer anschließen wird oder ob es bei dem einen Mal bleibt, ist nicht vorhersehbar. Thomas Herzog aus München konnte nach seiner Kongresshalle mit Hotel im österreichischen Linz dort auch eine größere Wohnanlage bauen. JSK Frankfurt bauen in Projektpartnerschaft mit Hochtief die neuen Flughäfen Athen und Warschau. Ihre ersten Erfahrungen sammeln Baumann und Zillich aus Berlin mit einem Kurbad und Konferenzhotel in Meran und Struhk aus Braunschweig mit dem Neubau des Fernsehsenders arte in Straßburg – beide Male als glückliche Folge von EU-Wettbewerben. Die 4a Architekten aus Stuttgart bearbeiten derzeit ein Wellness- Zentrum im Sockel eines typischen Moskauer Wohnhochhauses. Beispiele für einmalige Auslandseinsätze gibt es viele: Köhler Architek-

SL-Rasch, Leinfelden Echterdingen/Jeddah, Saudi-Arabien: Bewegliche Schattendachkonstruktion, Vorplatz der Al Hussein Moschee, Kairo, Ägypten, 2000
SL-Rasch, Leinfelden Echterdingen/Jeddah, Saudi-Arabia: Movable shadow roof construction, square in front of Al Hussein Mosque, Cairo, Egypt, 2000

ten Frankfurt haben eine Bank im kroatischen Zagreb umgebaut, Harald Deilmann aus Münster die Oper in Tokio errichtet. Josef Paul Kleihues baute das Museum of Contemporary Art in Chicago, die Münchner Büros Steidle und Thuts jeweils einen Wohnungsbau in Salzburg.

Architektenbüro 4a, Stuttgart: Wellnesspark Iwankovskoje 3, Ansicht Nord, Moskau, Russland Planung 2002
Wellnesspark Iwankovskoje 3, view from north, Moscow, Russia, design 2002

Architektenbüro 4a, Stuttgart: Wellnesspark Iwankovskoje 3, Ansicht West, Moskau, Russland Planung 2002
Wellnesspark Iwankovskoje 3, view from west, Moscow, Russia, design 2002

Brain drain – der etwas andere Export

Kann der persönliche Transfer deutscher Fachkräfte als Teil eines etwas anderen Exports betrachtet werden? Ein umfangreicher *brain drain* von Deutschland zum Beispiel in die USA, wie er unter Naturwissenschaftlern vorkommt, ist in der Architektur so nicht zu beobachten. Doch zieht es etliche junge Talente zum Studium an besser ausgerüstete Hochschulen ins Ausland. Private oder berufliche Gründe führen oft dazu, nach dem Studium eine neue Existenz aufzubauen. Der Nürnberger Helmut Jahn in Chicago ist das bekannteste Beispiel. Von einer ganzen Reihe jüngerer Kollegen ›mit deutschem Hintergrund‹ wird man noch hören. Thomas Leeser kreiert aufregende Blobs in Bars, Läden oder Fernsehstudios in New York.[3] Bernhard Blauel schafft es als englisches Büro in London, auch für deutsche Firmen attraktiv zu sein: Goethe-Institut, Deutsche Botschaft und BMW zählen zu seinen Kunden.[4] Oliver Lang firmiert mit seiner kanadischen Partnerin in Vancouver als LWPAC Lang Wilson Practice in Architecure Culture und baut aufregende Werke wie die Architekturfakultät im chilenischen Valparaiso.[5] Sulan Kolatan, Deutsche türkischer Abstammung, sorgt mit dem Kolatan Mac Donald Studio in New York und ihren Blobgebilden für Furore.[6] Schwester Ferda Kolatan und Erich Schoenenberger nennen sich su11 und machen sich mit digitalen Werken ebenfalls in New York einen Namen.[7] Landschaftsarchitekt Stefan Tischer konnte in Deutschland keine Professur erlangen, nahm das Angebot einer Stelle im kanadischen Montreal an und wanderte aus.[8]

China als Leistungsvergleich

Internationales Handeln mit entsprechend weitem Horizont fällt deutschen Architekten schwerer als ihren Kollegen, die ehemaligen Weltmächten entstammen. Sie behaupten sich in ihren früheren Einflusssphären, wie Engländer oder Franzosen. Das gilt besonders für Amerikaner, von denen in Bezug auf Erschließung auswärtiger Märkte viel zu lernen ist. Am Beispiel Chinas und seiner atemberaubenden Metropole Shanghai lässt sich Erfolg und Misserfolg des Architekturexports erkennen. Platzhirsche sind US-amerikanische ›design firms‹ wie HOK, SOM, KPF, RTKL, Arquitectonica, Portmann und Helmut Jahn. Ende 2001 baute er für ein Konsortium der Messen Düsseldorf,

München und Berlin das New International Expo Center. Neben den Kanadiern WZMH oder japanischen Konzernen wie Nikken Senkkei sind auch unsere französischen Nachbarn präsent: Jean Marie Charpentier durfte Oper, Exhibition Centre und Central Avenue des neuen Finanzzentrums Pudong bauen und Paul Andreu/Aéroports de Paris den neuen internationalen Flughafen. Das Beispiel ABB Architekten dokumentiert dagegen, wie schwer es für Deutsche ist, sich in Shanghai durchzusetzen. Ihr Bocom Hochhaus ist dort das bisher einzige fertig gestellte Projekt deutscher Architekten. Die Stuttgarter Kaufmann + Theilig konnten trotz Wettbewerbsgewinnen keinen Auftrag erkämpfen. Auch die Düsseldorfer Ingenhoven + Overdiek hatten Pech: Die Bauarbeiten ihres viel veröffentlichten Wan Xiang International Plaza Hochhauses wurden mit Erreichen des Erdgeschosses eingestellt. HPP International hat alle chinesischen Aktivitäten aufgrund mangelnder Wirtschaftlichkeit beendet. Der Innenausbau des größten Buchladen Shanghais wurde als einziges Projekt realisiert. Zwei deutsche Firmen haben es in China geschafft: AS & P und gmp. Die Frankfurter planen den neuen Stadtteil An Ting Automobile City Shanghai und errichten derzeit zwei Hochhäuser in Pudong. Die Hamburger gmp sind mit einem Dutzend Großprojekte über das ganze Land verstreut beschäftigt. Aus Peking sind zwei weitere, einzelne Erfolge zu vermelden: Jourdan Müller PAS aus Frankfurt bauen eine größere Wohnsiedlung, und Novotny + Mähner aus Offenbach haben bereits 1998 das Hochhaus Sun Flower Tower und später die dortige Lufthansa-Zentrale erstellt.

Insgesamt ist diese Bilanz niederschmetternd, denn die deutsche Industrie ist erfolgreich im Chinageschäft tätig. Traditionell sind die Chinesen Deutschland gegenüber sogar sehr positiv eingestellt. Viele Führungskräfte haben an deutschen Hochschulen studiert. Das hat sich geändert. Die Wirtschaftselite von morgen wird an amerikanischen Ivy-League-Hochschulen ausgebildet. Ob Harvard, MIT oder Yale, chinesisches Geld finanziert diese Schulen. Der katastrophale Standard deutscher Universitäten im Vergleich zu amerikanischen Hochschulen lässt auch für die Zukunft keine Wende erwarten. Vertraut mit Sprache, Software und Geschäftsgebaren wenden sich chinesische Entscheider früheren Kommilitonen zu, wenn es um Geschäfte geht. Früher wären das Deutsche gewesen. Nicht nur im Hochschulbereich macht die deutsche Politik entscheidende Fehler. Sie verwehrt ihren Architekten im Ausland die Unterstützung, die sie anderen Wirtschaftsbereichen zukommen lässt. So erlebten alle Architekten ein vollkommenes Desinteresse, als es um die politische Unterstützung bei der Weiterverfolgung von Wettbewerbsgewinnen ging. Von Gerkan wurde nicht einmal zur Einweihung seiner deutschen Schule in Peking eingeladen. Dagegen begleitete Präsident Jacques Chirac seine Architekten in die Verhandlungen. Japanische Delegationen stellten die Finanzierung in Aussicht. Auf amerikanischen Wirtschaftsreisen sind Architekten als Teilnehmer dabei.

RKW Rhode Kellermann Wawrowsky, Düsseldorf / Warszawa, Wohnbebauung Murawastraße, Posen, Polen, 2001–2003
RKW Rhode Kellermann Wawrowsky, Düsseldorf / Warszawa, Residential project Murawa street, Poznan, Poland, 2001–2003

RKW Rhode Kellermann Wawrowsky, Düsseldorf / Warszawa, Bürogebäude ARTICOM, Warschau, Polen, 2002–2003
RKW Rhode Kellermann Wawrowsky, Düsseldorf / Warszawa, ARTICOM office building, Warsaw, Poland, 2002–2003

Deutsche Architektur als Produkt

Das Problem der politischen Ignoranz wird inzwischen benannt. Im Rahmen der Initiative Baukultur organisierte die Bundesarchitektenkammer in Berlin im Februar 2001 ein erstes Symposium mit dem Thema ›Exportieren mit Plan‹. Als Folge wurde zusammen mit interessierten Architekten das Netzwerk Architekturexport NAX gegründet, das sich am französischen Erfolgsmodell *Architectes Français a l'Export* AFEX orientiert.[9] Das Interesse in der Architektenschaft ist leider sehr gering. Ein Fragebogen zur Situationsanalyse wurde trotz reichlichen Werbens von nur 15 Büros zurückgeschickt, nur 90 Personen abonnieren den Newsletter. Der Grund für diese geringe Resonanz sei, so Thomas Welter von der BAK, dass die Unerfahrenen sich melden und in die Märkte wollten, während die Erfahrenen an einer Vernetzung mit Konkurrenten nicht interessiert seien. Außerdem fehle eine Unterstützung seitens der Industrie. In Frankreich sind neben Ministerien auch Unternehmen der Bauindustrie und wirtschaftliche Verbände beteiligt. Sie sehen französische Architekten im Ausland als Katalysatoren, die mit den ihnen bekannten Materialien und Technologien planen und französischen Produkten zum Export verhelfen.

Auf der Suche nach der emotionalen Qualität

Um Sponsoren für NAX zu gewinnen, bedarf es einer Grundlagenanalyse des Produkts ›deutsche Architektur‹. Was kennzeichnet sie? Was hebt sie aus Architekturen anderer Industrieländer hervor? Warum sollte ein Kunde im Ausland sie wollen? Wer sind ihre Hersteller, welche Architekten kämen in Frage? Diese Fragen müssen beantwortet werden, will man ›mit Plan exportieren‹. Es tauchen schmerzhafte Gegenfragen auf: Warum haben die internationalen *Names* einen solchen Glanz? Was macht einen Ando, einen Botta, einen Calatrava usw. zu einer ›Marke‹, neudeutsch ›Brand‹? Wie können sich deutsche Architekturbüros zu solchen Marken entwickeln? In einem Thesenpapier haben Architekten von NAX die Frage nach der deutschen Architekturidentität mit der technischen Brillanz definiert. Da in Deutschland ein Architekt über den Entwurf und den Bauantrag hinaus an der Umsetzung im Detail und an der Entwicklung von Bautechnologie maßgeblich beteiligt sei, im Gegensatz zu seinen auswärtigen Kollegen, sei der ›Stand der Technik‹ hier führend. Beispiele für innovative Themenfelder seien ›solares Bauen‹, ›Doppelfassaden‹, ›Glaskonstruktionen‹, ›leichte Flächentragwerke‹ und ›hochfester Beton‹. Auf der anderen Seite falle ein Mangel im Bereich ›subjektiver Kriterien wie Charme oder Stil‹ auf. Die alte Glaubensfrage im Fußball nach ›Schönheit oder Effektivität‹ scheint auch auf die Architektur anwendbar zu sein. Auf der Suche nach den Beckenbauern der Architektur, die beide Seiten in sich vereinen und auf leichtfüßige Weise in die Welt hinaustragen, ist NAX bei einer anderer Produktgruppe fündig geworden. Dem erfolgreichsten deutschen Exportprodukt überhaupt: dem Automobil.

Die Autowerbung bediene sich häufig Architektur als Hintergrund und Imageträger, so NAX. »Es lässt sich daher vermuten, dass dieser Imagetransfer von Architektur auf das Produkt Automobil sich auch umkehren lässt.« Dabei fällt die Veränderung der Rollen von Auto und Architektur ins Auge. Früher war das Auto nur Dekoration. In der automobilen Imageforschung werden zwei ›Image-Richtungen‹ entschlüsselt: Emotion (Design, Sportlichkeit, Beliebtheit) und Qualität (Verarbeitung, Sicherheit, Technologie, Umweltschutz, Service, Wiederverkaufswert, Preiswürdigkeit). Welche der sechs deutschen Automobilmarken soll nun als Vorbild für den Imagetransfer dienen? Man hat sich weder für Volkswagen (solide und fortschrittlich) oder Audi (an ›Vorsprung durch Technik‹ mangelt es bekanntlich nicht), noch für BMW (sportlich und schick) oder Mercedes (sicher aber teuer) und erst recht nicht für Opel (derzeit der Verlierer), sondern für Porsche entschieden. Porsche ist die Firma mit dem besten Image aller deutschen Firmen, bestätigt das ›Imageprofile 2002‹ des Manager Magazins. Mit Abstand führt Porsche vor BMW, Audi, Coca Cola und Daimler-Chrysler.[10] Wofür steht ein Porsche, genauer der Porsche 911? In erster Linie steht er für Kontinuität, seit Jahrzehnten nahezu unverändert und doch immer wieder leicht verbessert, ist er stets auf der Höhe der Zeit. Dazu kommt eine sportlich aggressive Haltung. Dem Nutzer wird ein unverschnörkelter, fast unbequemer Realismus vermittelt. Schließlich ein anregendes Design voller weicher schwellender Formen. In Ausstellungen und Publikationen sollen nun die Porsches der deutschen Architektur als ein Bild zuverlässiger, technisch brillanter, aber auch sexy deutscher Architektur kommuniziert werden. Finanziert möglicherweise von der Zuffenhausener Premium-Marke?

LWPAC, Vancouver, Canada
School of Architecture, UTR Santa Maria University, Valparaiso, Chile, 1998

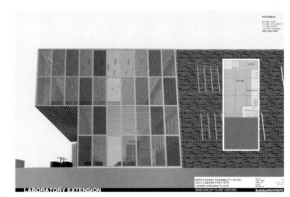

Blauel Architects, London, England
Restaurant Mini-Fabrik, Oxford, England, Entwurf 2002
Blauel Architects, London, UK
Restaurant Mini Factory, Oxford, UK, design 2002

Blauel Architects, London, England, Deutsche Schule, Computer-Gebäude, London-Richmond, England, 2001
Blauel Architects, London, UK, German School, Computer Building, Richmond, London, UK, 2001

Architektur und das nationale Minderwertigkeitsgefühl

Internationale Aufmerksamkeit soll die Ausstellung NDA Neue Deutsche Architektur erzeugen. Zur UIA Konferenz in Berlin im Juli 2002 eröffnet, soll sie mit staatlicher Hilfe in den nächsten Jahren weltweit wandern. Dabei wurden von einer deutschen Jury 100 Bauten der letzten zehn Jahre vorgeschlagen, um von einer ausländischen Jury auf 25 reduziert zu werden. Ähnlich wurde in Bayern bei der Wahl zum bayerischen Architekturpreis 2001 durch eine holländische Jury vorgegangen. Diese übervorsichtige Herangehensweise mag in Deutschland nicht ungewöhnlich erscheinen, stellt sich bei genauer Betrachtung aber als Bankrotterklärung heraus. Die Unsicherheit im eigenen Urteil zeugt von einem tief sitzenden Gefühl nationaler Minderwertigkeit und einem daraus resultierenden Wunsch nach auswärtiger Bestätigung. Es wäre unvorstellbar, dass die Auswahl zu einer Ausstellung ›American Architecture of the New Millenium‹ von Europäern getroffen würde.

Deutsche Architektur kann zu einer ›Premium-Marke‹ wie Porsche werden, wenn nicht nur ihre technische Qualität, sondern auch ihre emotionale Qualität überzeugt. Dann wird sie nicht nur geschätzt, sondern geliebt. Man wäre stolz auf sie. Wenn die Allgemeinheit (der Baubürgermeister, der Investor, der Architekturkritiker eingeschlossen) diese Architektur nicht nur selber haben, sondern auch weitergeben möchte, sind die Voraussetzungen geschaffen. Wenn deutsche Architekten eine Chance haben, zu ›Stararchitekten‹ zu wachsen. Wenn Architekten hierzulande so gefeiert und geehrt werden wie bei unseren Nachbarn. Wenn ihrem Werk eine größere gesellschaftliche und politische Anerkennung entgegengebracht wird. Dazu braucht es einen Wandel des Bewusstseins auf ganz anderer Ebene, der direkt mit der Frage nach der eigenen Wertschätzung gekoppelt ist.

LEESER Architecture, New York, USA
Nightclub Glass, Chelsea, Manhattan, New York, 2001

1   Berliner Tagesspiegel, 12.08.2001 http://www2.tagesspiegel.de/archiv/ 2001/08/11/ak-ku-4413264.html
2   Der Spiegel, 08.04.02, Allahs Schattenmann http://www.spiegel.de/spiegel/ 0,1518,191559,00.html
3   http:www.leeser.com
4   http://www.blauel.com
5   http://www.lwpac.net/
6   http://www.kolatanmacdonaldstudio.com
7   http://www.su11.com
8   http://www.stefantischer.net
9   http://www.bundesarchitektenkammer.de/
10 http://www.manager-magazin.de/unternehmen/imageprofile/

LEESER Architecture, New York, USA
Bar POD, Williamsburg, Brooklyn, New York, 2001

Germany is one of the world's leading exporters in many fields. Not in architecture. In architecture, we are a leading importer. According to the Federal Institute of Architects (BAK), only 2% of German architectural practices are involved in projects abroad. Of 40,000 architectural firms registered in the institute's lists, only 700 have export experience. Most of those are involved in building holiday homes. The number of outstanding contemporary buildings by German architects outside of Germany is small.

China and its breathtaking metropolis, Shanghai, illustrates the success stories and pitfalls of architectural exports. The American design firms are predominant here, closely followed by Canadian, Japanese and French companies. The example of ABB Architects indicates how difficult it is for Germans to gain a foothold in Shanghai. So far, their BOCOM high-rise is the only completed project by German architects there. Only two German firms to have gained considerable success in China: AS & P and gmp. Traditionally, the Chinese have a very positive attitude towards Germany. Many leading figures studied at German universities. This has changed. Tomorrow's business elite is training at the Ivy League colleges of America. Familiar with the language, the software and the business structures, Chinese decision-makers tend to turn to their former fellow students when it comes to doing business.

Together with interested architects, the NAX network for architectural exports has been founded, based on the successful French AFEX. Unfortunately, however, little interest has been shown so far by the architectural field en large. In France, architects abroad are seen as catalysts helping to boost the French export industry. So what is needed now is a fundamental product analysis of "German architecture". What characterises it? What sets it apart from the architecture of other industrial countries? Why should a foreign client want to have it? Which architects might be considered? There are other questions, too: Why do the international "names" have such an aura? What makes them a "brand"? How can German architectural firms develop into such brands? The architects of NAX have drawn up a thesis that pinpoints technical brilliance as the defining characteristic of German architecture. On the other hand, they have also determined shortcomings in terms of "subjective criteria such as charm or style". In search of a role model for an image transfer, NAX hit upon the most successful German export product of all, the automobile, specifically the Porsche. First and foremost, the Porsche 911 stands for continuity—virtually unchanged for decades and yet constantly updated and improved. What is more, it represents an aggressively sporty approach. The user is offered an image of no-frills realism. Finally, it is a sensual design of soft forms. Exhibitions and publications are supposed to present the Porsches of German architecture as the epitome of reliable, technically brilliant and also sexy building design. German architecture can only become a "premium brand" if it is persuasive not only for its technical quality, but also for its emotional quality. Then it will not only be respected, but adored. *Peter Cachola Schmal*

AS & P, Frankfurt am Main, Verwaltungszentrale, Zhang Jiang Hi Tech Park, Schanghai, China, 2002–2004
AS & P, Frankfurt am Main, Administration Center, Zhang Jiang Hi Tech Park, Shanghai, China, 2002–2004

Porsche 911, 1964

Porsche 911, 2002

Über die Arbeit deutscher Architekten im europäischen und nicht europäischen Ausland
Stefan Behnisch

Es ist offensichtlich, dass deutsche Architekten im internationalen Wettbewerb unter-repräsentiert sind. Ich kann mich diesem Thema allerdings nur aus meiner persön-lichen Erfahrung nähern, versuchen, es zu analysieren, und unseren persönlichen Weg erläutern, wie wir Gebäude für Bauherren im Ausland realisieren. Dieser Weg ist sicher nicht allgemein gültig und nicht ohne weiteres auf andere Büros übertragbar.

Das Thema wird in letzter Zeit mit dem Begriff ›Architekturexport‹ belegt. Ein griffiges, jedoch auch falsches Wort. Tatsächlich nämlich stellt der hiesige Architekt sein Wissen, sein Engagement, seine Fantasie, Kreativität und seine Koordinations-leistungen einem nicht-deutschen Bauherren zur Verfügung. Wir erbringen diese Leis-tungen also hier bei uns. Der materielle Export beschränkt sich auf geringe Mengen an Papier.

Forstforschungsgebäude, Wageningen, Niederlande, 1998
Forestry Research Building, Wageningen, Netherlands, 1998

Im Zentrum der zur Zeit laufenden Diskussion stehen jene Aufträge, die über internationale Wettbewerbe oder vergleichbare Auswahlverfahren vergeben werden. An Aktualität gewinnt die Frage nach der Präsenz deutscher Architekten im internationalen Raum dabei nicht zuletzt durch die Arbeiten ausländischer Architekten, die in Deutschland, vor allem in Berlin, realisiert werden. Unsere Architektenschaft ist mit den Zuständen, wie sie zur Zeit bei uns zu beobachten sind, zunehmend unzufrieden. Denn während einige nicht-deutsche Büros hierzulande oft interessante und bedeutende Gebäude bauen, haben wir nur selten die Chance, im europäischen und nicht-europäischen Ausland zu bauen. Ein Projekt, das die Debatte verschärfte, war die Renovierung des Berliner Reichstages durch Sir Norman Foster. Uns allen ist bewusst, dass ein solcher Auftrag in England oder Frankreich niemals von einem Architekten aus dem Ausland realisiert werden könnte. Möglicherweise in Schottland, in Nordirland oder in Wales, keinesfalls jedoch in England.

Es gibt viele weitere Beispiele, die unter den deutschen Architekten den Ruf nach mehr Schutz unseres ›Marktes‹ laut werden ließen. Eine verständliche, aber, wie ich meine, auch grundsätzlich falsche Reaktion. Die Frage sollte doch sein, weshalb der Wandel zur internationalen Arbeit an uns deutschen Architekten fast spurlos vorübergegangen ist. Dies hat womöglich verschiedene Gründe, und nicht alle liegen im Einflussbereich der Architektenschaft. In Deutschland spielt Architektur im öffentlichen Bewusstsein eine gewisse Rolle, vielleicht sogar eine größere als beispielsweise in Großbritannien. Bei uns aber wird kein sogenannter Starkult betrieben – nicht von den Architekten und üblicherweise auch nicht von den Bauherren. Unsere Büros sind in Partnerschaften strukturiert, oft sind nicht einmal die Namen der einzelnen Mitglieder bekannt. Für sie stehen lediglich Buchstabenfolgen, die nur für Insider entschlüsselbar sind. In Großbritannien oder den USA hingegen würde eine solche Buchstabenfolge heutzutage eindeutig auf kommerzielle Architekturkonzerne hindeuten.

Bauherren, die sich ein besonderes Gebäude wünschen, suchen eine Person, einen Namen, einen ›Künstler‹, der nicht nur als Ansprechpartner fungiert, sondern auch ›vorgezeigt‹ werden kann, was für uns deutsche Architekten noch eine ungewohnte Situation ist. In den Vereinigten Staaten etwa wünschen Bauherren, die vom üblichen Weg abweichen und ein außergewöhnliches Gebäude in Auftrag geben wollen, einen solchen Namen, der für eine bestimmte Architektur, Haltung oder Philosophie steht. Und dieses Prinzip hält auch bei uns in Deutschland Einzug. Konzerne laden zu Wettbewerben gezielt ›Namen‹ ein. Nur wenige unserer Büros werden zur Teilnahme aufgefordert. Diese Konzentration auf Namen mag zwar häufig verkrampft oder unkritisch wirken, doch ist dieser Hang zum prominenten Namen bei Firmen, die ihren Markt durch die Promotion der eigenen Marke zu schützen und zu erweitern suchen, durchaus verständlich: Es ist eine ihnen vertraute Art des ›Marken-Denkens‹.

Da die qualitative Beurteilung von Architektur für Fachfremde nicht einfach ist und sich Führungskräfte nicht bloß dem Urteil von Preisrichtern ausliefern wollen, verlassen sich einige auf die vermeintliche Sicherheit bekannter Namen. Wenn man ein auffälliges Gebäude bauen möchte, ist dies möglicherweise eine erfolgversprechende Vorgehensweise. Die Publizität jedenfalls ist gesichert. Vergleichbar vielleicht einem Kunstsammler, der zwar wenig von Kunst versteht, aber über die finanziellen Mittel verfügt, Picassos zu erwerben. Falsch läge er damit nicht.

Weshalb sich in Deutschland ein solcher ›Starkult‹ bislang nicht entwickeln konnte, ist ein Phänomen. So sympathisch dies auch sein mag, so könnte die internationale Prominenz einiger Namen doch auch dazu beitragen, das Ansehen unserer Architektur weltweit zu heben – zum Nutzen aller. Qualifizierte Personen und Büros dazu gab es immer, nur den Starkult mit seiner weltweiten Ausstrahlung nicht.

Forstforschungsgebäude, Wageningen, Niederlande, 1998
Forestry Research Building, Wageningen, Netherlands, 1998

Ein weiterer Grund für das Ungleichgewicht mag das traditionell offene, klar geregelte Wettbewerbswesen sein, das per definitionem jedem Teilnehmer die gleichen Chancen einräumen sollte. Wir haben uns auf dieses Wettbewerbswesen verlassen, darauf bauend, dass alle wichtigen Aufträge – zumindest die der öffentlichen Hand oder solche von größerer Bedeutung – über diese Qualitätswettbewerbe vergeben würden. Denn wir glauben daran, dass wir wichtige Aufträge nicht auf Golfplätzen oder Segeltörns erhalten. Das gilt zumindest für die Aufträge, die mit öffentlichen Mitteln finanziert oder von Körperschaften des öffentlichen Rechts genutzt werden. Durch diese Tradition der anonymer Qualitätswettbewerbe haben wir deutschen Architekten gewisse Vorgehensweisen wohl auch nicht erlernt: Glatte, erfolgsorientierte, verkaufsgeschulte Auftritte oder die kantige Exzentrik einiger unserer internationalen Kollegen sind uns weitgehend fremd.

Auch die Politik hat es versäumt, die deutschen Architekten und Ingenieure im internationalen Auftritt zu unterstützen. Wann gab es internationale Ausstellungen deutscher Architektur, die politisch getragen worden wären? Wann kam auch nur ein Vertreter der Politik dazu, wenn wir internationale Wettbewerbe gewannen oder Auszeichnungen erhielten? Wann wurde der internationale Auftritt eines deutschen Architekten bei Vorträgen, Ausstellungen, Auszeichnungen oder Preisverleihungen politisch begleitet? Als wir mit dem ersten Preis beim Wettbewerb für die World Intellectual Property Organization in Genf, einer Abteilung der UNO, ausgezeichnet wurden, kamen zur Preisverleihung und Pressekonferenz viele Delegierte und Personen der UNO. Ein Vertreter unseres Landes war leider nicht anwesend.

Als potenzielle Exporteure von Planungsleistungen sind wir Architekten bislang im Bewusstsein der Wirtschaftspolitik nicht präsent. Das große Potenzial der grenzübergreifenden Arbeit wird nicht erkannt und genutzt, weder von uns Architekten noch von der Politik. Als Architekten stellen wir eine heterogene, meist mittelständisch orientierte Masse dar und halten uns vom plumpen Lobbyismus der Großkonzerne bewusst fern, obwohl auch wir sehr viele Menschen in unserem Land beschäftigen.

Sicher gibt noch einige andere Gründe dafür, dass wir deutschen Architekten international weniger erfolgreich sind als manche unserer amerikanischen, britischen, japanischen oder französischen Kollegen. Entscheidend aber ist die Frage, wie sich dies ändern ließe.

Unser Büro akquiriert seine Aufträge fast ausschließlich über Wettbewerbe – seit einigen Jahren auch über Deutschlands Grenzen hinaus. Wir haben in den Niederlanden gebaut, planen zur Zeit Projekte in Toronto, Cambridge, Massachusetts, Genf und Dublin. Ein großes Projekt in Kopenhagen, an dem wir fünf Jahre gearbeitet haben, wurde aus politischen Gründen kürzlich gestoppt – vermutlich endgültig. Der extreme Rechtsruck bei den Wahlen in Dänemark hatte zum einen zu massiven Sparprogrammen ohne erkennbare Logik geführt, zum anderen offenbar aber auch zu einer prinzipiellen Ablehnung gegenüber Ausländern. Unser Projekt, immerhin das größte, das in Dänemark zur Realisierung anstand, erfuhr seitens der deutschen Politik weder Aufmerksamkeit noch irgendeine Unterstützung. Weshalb die Politik uns Architekten in unseren Bemühungen um internationale Arbeit ignoriert, ist mir völlig unklar.

Eine wichtige Grundlage für die Arbeit im internationalen Umfeld ist auch das entsprechende Klima im eigenen Büro. Das Interesse an internationaler Arbeit braucht innerhalb der Partnerschaft eine breite Basis. Wichtiger noch ist die Zusammenarbeit von Menschen verschiedener Nationalitäten im Büro, nicht nur wegen der kulturellen Vielfalt, sondern auch aus ganz praktischen Erwägungen: Hier entstehen persönliche Beziehungen, die sich in der Folge erweitern, das Interesse an anderen Ländern und Kulturen wecken und zu neuen Kontakten führen – eine sich erweiternde Spirale. Denn so kommen neue Anfragen; Praktikanten und Mitarbeiter – auch ehemalige – machen uns auf Ausschreibungen, Bewerbungsmöglichkeiten und Wettbewerbe, auch im Ausland, aufmerksam. Wir können Partnerschaften mit anderen Architekten und Inge-

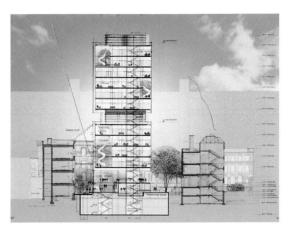

Zentrum für Zell- und biomolekulare Forschung, Universität Toronto, Kanada, 2001
Center for Cellular + Biomolecular Research, University Toronto, Canada, 2001

Zentrum für Zell- und biomolekulare Forschung, Universität Toronto, Kanada, 2001
Center for Cellular + Biomolecular Research, University Toronto, Canada, 2001

nieurbüros entwickeln, uns bei Besuchen besprechen. Manchmal wird bei solchen Gelegenheiten auch nur geträumt, sinniert, dass eine erneute Zusammenarbeit doch schön wäre. Und genau dieses nicht unbedingt Zielgerichtete, dieses in einer entspannten Atmosphäre sich Entwickelnde hat schon oft zu guten Ideen, zu gemeinsamen Zielen und dann auch tatsächlich zu Wettbewerbs- oder Bewerbungserfolgen geführt. Selbstverständlich ist auch die Fähigkeit, mehrere Fremdsprachen gut zu beherrschen, eine wichtige Grundlage für die Arbeit im internationalen Bereich. Jene erwähnten ›reisenden Mitarbeiter‹ aus anderen Ländern bringen diese Kenntnisse ein und spornen zugleich auch uns an, beständig an uns zu arbeiten.

Die Arbeit für Bauherren im Ausland bereitet uns Freude. Zum einen lernt man ständig Neues dazu, man kann sich nicht auf scheinbar gesicherte Erkenntnisse und Verfahren verlassen, sondern muss sich immer wieder auf neue Situationen einstellen. Zum anderen setzt man sich mit Menschen anderer Kulturkreise auseinander, trifft neue Ingenieure und interessante Büros.

In der Praxis ist die Arbeit für ausländische Bauherren der Arbeit hier in Deutschland nicht unähnlich. Auch wenn die Verfahren unterschiedlich sein mögen und das Leistungsbild weniger umfangreich ist, stellen doch beide, zumindest dem Prinzip nach, einen Teilbereich dessen dar, was wir hier in Deutschland zu kontrollieren oder zu erbringen haben. Wir haben in der Regel Verträge nach dem jeweiligen Landesrecht, planen jedoch die meisten Projekte hier bei uns in Stuttgart. Gegebenenfalls arbeiten wir mit örtlichen Architekten und Ingenieuren zusammen. Diese Zusammenarbeit kann für uns allerdings ein Problem darstellen, weil sich die Planungskultur anderer Länder bisweilen deutlich von der unsrigen unterscheidet – vor allem in den USA. Die Bauherren haben uns ja beauftragt, gerade weil wir einen ›anderen‹ Entwurf vorschlagen und einen anderen kulturellen Hintergrund haben. Dies müssen wir unseren Partnerbüros nahe bringen und sie davon überzeugen, dass sie sich in diesem Sinne engagieren müssen. Das erweist sich oft als schwierig. Der Versuch der örtlichen Büros, alles auf das vor Ort Bewährte und Übliche zu verkürzen, führt zu Konflikten und belastet das Verhältnis nachhaltig. Das Problem liegt also weniger bei den Bauherren. Die erwarten ein ›anderes‹ Gebäude und verstehen deshalb auch, dass zwangsläufig andere Wege beschritten werden müssen. Das Problem liegt vielmehr bei den Partnerarchitekten, die zwar zu etwas Besonderem beitragen möchten, aber nicht bereit sind, dabei über ihren Schatten zu springen.

Dass aus unterschiedlichen Prozessen und Verfahren zwangsläufig unterschiedliche Ergebnisse resultieren, ist kaum vermittelbar. Aus unserer stark am Detail orientierten, technisch auf Innovation bedachten Planung entsteht eine differenzierte Architektur. Die amerikanischen und britischen Verfahren hingegen fordern sehr frühe Festlegungen, die zu generalisierenden Lösungen führen. Dem versuchen die dortigen Architekten dann durch auffällige, großformatige Maßnahmen entgegenzuwirken.

Vor einiger Zeit haben wir in Los Angeles ein eigenständiges Büro gegründet, ursprünglich aus Gründen der Präsenz und um bürokratische Hürden zu überwinden. Nun bauen wir dieses Büro so aus, dass wir dort alle Leistungsphasen selbstständig erarbeiten können und die Auseinandersetzung mit Ausführungsarchitekten nicht mehr führen müssen. Die Arbeitsbedingungen im Ausland sind für uns gut, denen in Deutschland vergleichbar. Die tatsächlichen Schwierigkeiten liegen vielmehr im Umgang mit der hiesigen Bürokratie. Das Arbeitsamt macht durch seine restriktive Haltung eine Arbeit mit ausländischen, nicht-europäischen Architekten nahezu unmöglich. Dieses Problem führt zwangsläufig zu einer weiteren Verlagerung der Planung nach Los Angeles, da wir, wie schon ausgeführt, für die Arbeit in anderen Ländern auch Architekten mit einem anderen kulturellen Hintergrund benötigen.

Wird das Thema der internationalen Wettbewerbsfähigkeit innerhalb der Architektenschaft diskutiert, trifft man auf verschiedene Ansätze: Einige fordern zum Beispiel niedrigere Lohnnebenkosten, um billiger anbieten zu können. Doch so sehr wir uns

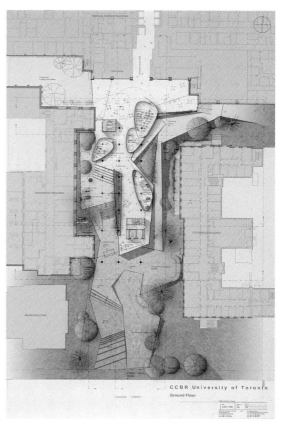

World Intellectual Property Organisation, Genf, Schweiz, 2000–2004
World Intellectual Property Organisation, Geneva, Switzerland, 2000–2004

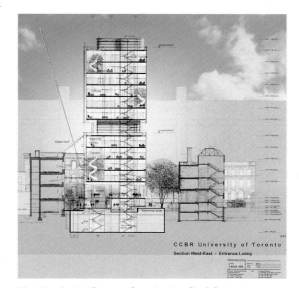

World Intellectual Property Organisation, Genf, Schweiz, 2000–2004
World Intellectual Property Organisation, Geneva, Switzerland, 2000–2004

natürlich alle über niedrigere Kosten freuen, so wenig lässt sich das Problem der internationalen Wettbewerbsfähigkeit damit lösen. Wir leben in einem Staat mit einem hochentwickelten Bildungs- und Sozialsystem. Wir haben gut ausgebildete Absolventen in allen Disziplinen. Wir sind ein Land, das exportorientiert ist und mit dem Export hochwertiger Güter stets erfolgreich war. Ein sinnvollerer Weg führt meiner Ansicht nach über qualitativ hochwertige, umfassende Planungsleistungen.

Die deutschen Architekten haben ein tradiertes Berufsbild, das am klassischen Baumeister orientiert ist, der über Planung, Ausschreibung, Kostenkontrolle, Vergabe und Bauleitung das gesamte Verfahren beherrscht, bis das Gebäude an den Bauherrn übergeben ist. Dieses Berufsbild ist nahezu einmalig. Deshalb sollten wir uns gegen den Einzug all jener sogenannten Berater, Consultants, Steuerer, Manager, Reviewer, Risk Assessors, Planning Supervisors, Surveyors etc. wehren, die wenig zum Gelingen eines Gebäudes beitragen, aber unseren Aufwand, vor allem in der Organisation, unerträglich machen. Wir konnten all dies in der Vergangenheit selber leisten und müssen uns jetzt wieder stärker auf diese Kompetenzen konzentrieren. Denn meine Erfahrung mit Bauherren im Ausland ist, dass sie von einem Architekten die komplette Leistung als Generalplaner wünschen, der das gesamte ›Design Team‹ steuern und kontrollieren kann. Bei Auslandsprojekten arbeiten wir vorwiegend so und haben die anderen Beteiligten bei uns im Planerauftrag. Dies führt zwar zu einem erhöhten Verwaltungsaufwand und mehr Verantwortung, andererseits können wir so aber die Verfahren besser steuern und vermeiden die externen Manager. Ich meine, die Kammern sollten sich darauf konzentrieren, auch hier in Deutschland diese Branchen der Projektmanager und Berater, die sich zwischen uns und unseren Bauherrn schieben, zurückzudrängen. Wir Architekten müssen doch in der Lage sein, diese Lücke wieder zu füllen.

Unsere Chancen liegen also nicht in der ›billigen‹ Arbeit, sondern in der Qualität der Planung, im Entwickeln innovativer Lösungen und in der ganzheitlichen Umsetzung. Und dieser Aufwand kostet Geld.

Wir wurden dazu ausgebildet, für Bauherren ein Bauwerk zu errichten; wir sind nicht bloß Planfertiger oder Dienstleister. Wir schulden das Werk. Dies mag oft unbequem sein, ist aber eine Stärke, die wir uns erhalten müssen. Nehmen wir unsere Verantwortung richtig wahr, führt dies zu einer hohen Identifikation der Beteiligten mit der Aufgabe.

Häufig aber führt auch gerade das Hinterfragen der Aufgabe, der Regularien und Baubestimmungen zu innovativen und guten Ergebnissen, auch im Interesse der Nutzer und Bauherren. Geltende Regularien werden dann von Behörden überprüft und manchmal sogar novelliert. Diese Erfahrung machten wir in Cambridge, Massachusetts: Hier profitierte der Bauherr von unserem Einfluss und unserem etwas exotischen Ruf. Denn die Behörden wünschten für Cambridge ein außergewöhnliches Gebäude, eines, das sich vom dort Üblichen klar absetzt. Daraus resultierten größere Freiheiten in der Gestaltung und der Ausnutzung des Grundstücks. Auch der Widerstand der betroffenen Nachbarn hielt sich in Grenzen: Man wollte dem Neuen, noch nicht Bekannten, nicht im Wege stehen. Ähnliche Erfahrungen machen wir augenblicklich in Toronto: Hier planen wir zur Zeit gemeinsam mit kanadischen Kollegen ein Laborgebäude. Eine interessante Aufgabe, bei der uns die Universität als offener und flexibler Bauherr unterstützt. Auch hier haben wir die üblichen nordamerikanischen Standards hinterfragt, um zu konzeptionell guten und gleichzeitig ökologisch sinnvollen Lösungen zu kommen.

Sicherlich hat ein ausländischer Architekt in solchen Fällen gewisse Vorteile. Das ist auch dem Bauherrn bewusst und mag einer der Gründe sein, weshalb wir im Wettbewerbsverfahren von den Preisrichtern, die ihrerseits Architekten sind, ausgewählt werden. Denn auch sie verfolgen Ziele: Sie erhoffen sich von uns, dass wir vorhandene Strukturen hinterfragen und aufbrechen – auch zu ihrem eigenen Nutzen.

Genzyme Gebäude, Cambridge, MA, USA, 2000–2003
Genzyme Building, Cambridge, MA, USA, 2000–2003

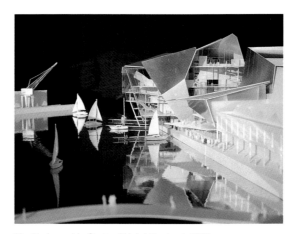

The Harbourside Centre, Bristol, England, 1996
The Harbourside Centre, Bristol, UK, 1996

German architects are clearly under-represented in international competition. The topical importance of this issue is highlighted by the work of foreign architects in Germany. Though there is no shortage of examples that prompedt calls for increased protection of our "market", the real issue, however, is why German architects seem to have missed out on the move towards international work. One reason is that our politicians have failed to give German architects and civil engineers the support they need in order to gain inter-national presence. In current economic policies, architects simply do not feature as potential exporters of planning services.

As architects, we represent a heterogeneous group of mostly medium-sized firms that, consciously sets itself apart from the lobbyism of larger companies and major industries – although we do generate employment for a great many people in this country. One important factor in terms of working in an international context is having the right atmosphere in the architectural practice itself. There has to be cooperation between people of different nationalities, not only in order to ensure cultural diversity, but also because it promotes personal relations and new contacts.

Whenever the subject of international competitiveness is discussed among architects, a number of factors are voiced: some call for lower salary-added benefits in order to be able to offer more competitive prices. But that is not the answer to the problem of international competitiveness. In my view, it would be far more constructive to look instead at ways of providing high-quality, all encompassing planning services. German architects have a very conservative image of the profession, based on the classical idea of the *Baumeister*, the master builder who is charge of the entire process from design, planning, tendering, cost control and contracting right through to site supervision and turn-key handover of the completed building to the client. We are not just producers of plans – we "owe the work to the client". That could prove to be our strong point.

Stefan Behnisch

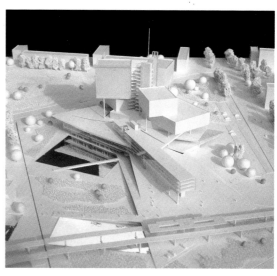

Staats- und Landesarchive, Kopenhagen, Dänemark, 1998–2004
National and Provincial Archives, Copenhagen, Denmark,
1998–2004

Architekturexport ist Kulturexport
Meinhard von Gerkan

Wir leben in einer globalisierten Welt, in der uns die Mobilität ungeahnte Möglichkeiten offenbaren könnte. Doch stattdessen entdecken wir inzwischen an vielen Orten eine gleichgeschaltete Warenwelt mit Produkten, die in den Supermärkten überall auf der Welt gleich aussehen, bis hin zum uniformen Shopping auf den Flughäfen.

Und doch regt sich in uns die Sehnsucht nach dem Individuellen, dem Erkennen einer unverwechselbaren Identität. Kultur begründet diese Identität und schafft Individualität. Sie ermöglicht Unterschiede, sie lässt dem Spezifischem, dem Besonderen Raum. Geprägt durch Klima, Landschaft, Lebenssitten, Religion und Esskultur entwickelt sich in jedem Lebensraum eine eigene, individuelle Lebenskultur. Eng verwoben damit sind die Künste wie Städtebau, Architektur, Musik, Literatur, Malerei und Schauspielkunst.

So gesehen wäre ein Kulturaustausch auch ein Kulturexport.

Wenn man aber dem ›American way of life‹ zubilligt, dass er eine Lebenskultur sei, so hat die Omnipotenz dieses Weges – eine überwältigende Exportleistung mit der verheerenden Konsequenz der totalen Egalisierung auf den kleinsten gemeinsamen Nenner der Effizienz und Rendite – eine geradezu weltbeherrschende Vormachtstellung zur Folge: von der Warenwelt, dem Fastfood, der Jeansmode, der TV-Lethargie mit ›Sex and Crime‹ bis hin zu den Computerspielen. So gesehen empfiehlt sich beim Kulturexport besser größte Zurückhaltung.

Dies gilt auch und im besonderen Maße für die Architektur. Der Architekturmarkt ist wohl einer der größten Exportmärkte. Auch er ist – von wenigen qualitativ herausragenden, jedoch quantitativ fast zu vernachlässigenden Ausnahmen abgesehen –

Luchao, Hafenstadt, Volksrepublik China, 2001–2005
Luchao, Harbour City, PR China, 2001–2005

Luchao, Hafenstadt, Volksrepublik China, 2001–2005
Luchao, Harbour City, PR China, 2001–2005

total amerikanisiert. Sogar dann, wenn die exportierenden Architekten gar keine Amerikaner, sondern Kanadier, Australier, Japaner oder auch Franzosen und Briten sind. Es wird keine amerikanische Architektur exportiert, sondern das US-Marketing-Prinzip: dem Publikum zu gefallen, den Spiegelglashäusern landestypische Elemente als dekorative Accessoires anzukleben und dem Interesse der Investorenrendite kompromisslos zu Diensten zu sein. Damit einher geht die völlige Ignoranz gegenüber allen städtebaulichen Belangen und kulturgewordenen Leistungen des Abendlandes und des Orients. Von São Paulo bis Shanghai, von Johannesburg bis Kuala Lumpur wuchert ein strukturloses Sammelsurium urbanitätsvernichtend den Lebensraum kaputt.

Diese Art von Architekturexport kann kein Kulturexport sein, für den wir streiten sollten. Dennoch wollen wir einmal betrachten, wie er funktioniert und worauf er basiert. Er wird bestimmt durch folgende Faktoren: vornehmlich die Publizistik, dann den Lobbyismus, die Wirtschaft, die Diplomatie, die Präsenz und die Ausbildungs-Connections.

Es gibt nur wenige Architekten mit einem ausgesprochenen Qualitätsprofil. Zu nennen sind Helmut Jahn, Paul Andreu, Jean-Marie Charpentier. Deutsche Architekten findet man in dieser Aufzählung faktisch nicht.

Die politische Unterstützung seitens des Staates und der Regierung ist praktisch ›null‹. Wir haben diese Erfahrung in unserem Büro bei Projekten in Teheran, Algier, Bukarest, Moskau, Peking und Seoul gemacht. Auch die wirtschaftliche Unterstützung ist gleich ›null‹. Dabei ist Architekturexport in jedem Fall eine hervorragende Wirtschaftsförderung. Der Flughafen in Hongkong, von Lord Norman Foster entworfen, verdeutlicht einen solchen positiven Schneeball-Effekt: Etwa 30 bis 40 % der für den Ausbau verwendeten Produkte wie Rolltreppen und Aufzüge wurden aus Großbritannien importiert. Das ist ein nicht zu unterschätzender wirtschaftlicher Faktor.

Auch in den Ländern der Dritten Welt ist die deutsche Architektur nicht vertreten. Man hört klassische Musik aus Deutschland, man isst deutsche Wurst, bewundert deutsche Autos; manche deutsche Qualitätsprodukte haben hier fast schon Kultstatus. Persönlichkeiten wie Boris Becker, Franz Beckenbauer, Steffi Graf und Claudia Schiffer sind weltbekannt, aber deutsche Architekten kennt man nicht – nicht einmal im europäischen Ausland.

Woran liegt das? Es gibt fast keine Bauten deutscher Architekten im Ausland. Außerdem liegt es an einer schlechten eigenen Vermarktung, auch durch fehlende Publikationen in deutschen Fachzeitschriften. Das grenzt nahezu schon an einen Boykott deutscher Architekten im europäischen Ausland. Ich erinnere an das Pamph-

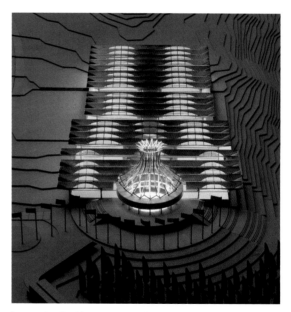

Internationales Kongress- und Messezentrum, Nanning, Volksrepublik China, seit 1999
International Convention and Exhibition Center, Nanning, PR China, since 1999

Internationales Kongress- und Messezentrum, Nanning, Volksrepublik China, seit 1999
International Convention and Exhibition Center, Nanning, PR China, since 1999

let von Oswald Mathias Ungers (von 1987) über den Minderwertigkeitskomplex deutscher Architektur, der von Manfred Sack ungerechtfertigter Weise in *Der Zeit* mit der Sentenz »Deutsche esst deutsche Bananen« parodiert wurde.

Bis heute hat sich allerdings an dieser Einbahnstraße nichts geändert. Ein Beispiel ist das im Prestel Verlag erschienene Buch über »Neue britische Architektur in Deutschland«, für das ich das Vorwort geschrieben habe. Der umgekehrte Fall, also ›Neue deutsche Architektur in Großbritannien‹, ergäbe ein Buch mit leeren Seiten, weil es faktisch keine nennenswerten Bauten deutscher Architekten in Großbritannien gibt. Diese Praxis besteht im europäischen Ausland nach wie vor: die Begünstigung eigener Architekten und die massive Behinderung deutscher Architekten. Wir haben das bei verschiedenen Projekten und in mehreren Ländern erfahren müssen: in Spanien, Dänemark, Frankreich, England, Belgien, Österreich, Schweden und in der Schweiz. Ausnahmen bildeten nur Luxemburg und Italien, wo wir in Rimini, Ancona und in Verona bauen.

Im übrigen Ausland haben wir nicht direkt eine Diskriminierung deutscher Architekten erfahren, aber hier sind deutsche Architekten schlichtweg unbekannt. Und dafür gibt es Gründe. Wir müssen also den Fragen nachgehen:

Wie ist der Markt in Ostasien beschaffen? Wie stellt man sich als Architekt in diesem Markt dar?

Der Markt ist überwältigend groß, und der Umfang der Projekte sprengt alle gewohnten Maßstäbe. Die Bauaktivitäten sind atemberaubend. Die Verhältnisse sind weitgehend undurchsichtig und unklar. Rechtssicherheit gibt es so gut wie nicht. Die Honorare sind entschieden zu gering, wenn man die zu leistende Arbeit in Deutschland macht. Der Kommunikations- und Reiseaufwand ist sehr hoch.

Worin liegt also der Anreiz dieser Märkte? In der Exotik, im Betreten von Neuland. In der Art und der Größe der gestellten Aufgaben und in der damit verbundenen gestalterischen Freiheit. Zudem hat man immer die Hoffung, durch Minimierung des eigenen Aufwands (mit Hilfe von Partnerbüros) am Ende doch eine ausgeglichene Bilanz aufzuweisen.

Wie aber kommt man überhaupt in diese Märkte? Zum einen durch die Bekanntheit des Namens und durch gebaute Werke. Zum anderen durch wirtschaftliche und politische Unterstützung. Im Gegensatz zu Architekten aus den USA, Kanada und Frankreich ergibt sich hier für deutsche Architekten freilich ein düsteres Bild.

Was haben wir mit unserem Büro dagegen unternommen? Wir haben immer wieder Vorträge gehalten und die darauf folgenden Publikationen genutzt. Wir haben eine Ausstellung mit einer begleitenden Buchveröffentlichung in chinesischer Sprache in Peking organisiert. Wir haben erfolgreich an Wettbewerben teilgenommen und in 15 Monaten vier erste Preise (Internationales Kongress- und Ausstellungszentrum Nanning, G.W. Plaza Peking, Tourismuszentrum Hangzhou, Convention & Exhibition Center in Shenzhen), einen zweiten Preis (Shenyang, Campus der Universität) und zwei ›mentions‹ (Peking Sport-Komplex, Shanghai-Messe) erhalten. Hinzu kam der Bau der Deutschen Schule in Peking (aufgrund ihrer leuchtend roten Betonwerkstein-fassade die ›Rote Schule‹ genannt): Sie ist das größte realisierte Bauvorhaben der Bundesregierung im Ausland, was wiederum das Interesse des Fernsehens und der Printmedien weckte; Berichte und Interviews folgten.

Zur Zeit wird ein Wohnungsbauprojekt in Nanning und Langfang betreut. Außerdem sind in den Bereichen Städtebau, Science-Center, Mobil-Tower, Konzerthalle und Finance-Center fünf Wettbewerbe in Bearbeitung. Diese Projekte verursachen allerdings durch ihren Leistungsumfang und ihr hohes Niveau auch hohe Investitionskosten. So sollten die Modelle beispielsweise im Maßstab 1:300 vor Ort präsentiert werden, was nicht nur ein großes Transportproblem darstellt. Außerdem wird von den Architekten meist erwartet, dass sie vor Ort präsent sind und ihren Entwurf persönlich präsentieren.

Die Deutsche Schule, Peking, Volksrepublik China, 2001
The German School, Beijing, PR China, 2001

Kongress- und Messezentrum, Shenzhen, Volksrepublik China, seit 2001
Convention & Exhibition Center, Shenzhen, PR China, since 2001

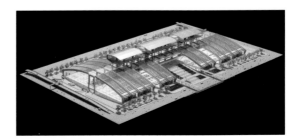

Kongress- und Messezentrum, Shenzhen, Volksrepublik China, seit 2001
Convention & Exhibition Center, Shenzhen, PR China, since 2001

Kehren wir zu der Frage nach dem Kulturexport zurück. Wir sollten nicht von Kulturexport sprechen, weil der erfolgreichste aller Exporte, der ›American way of life‹, die Welt nicht kulturell bereichert hat. Deswegen sollten wir uns hier größte Zurückhaltung auferlegen. ›Kulturaustausch‹ hingegen ist Nehmen und Geben zugleich, gegenseitige Förderung. Die Chinesen wollen von uns das Know-how erlernen; wir sollten daher von ›Wissensexport‹ sprechen, dem Export geistiger Leistungen – im Besonderen der von Architektur. Dass Deutschland hier das größte Handelsbilanzdefizit aufweist – größter Importeur und ein Zwerg im Export – ist skandalös.

Jurmala-Residenz, Riga, Lettland, 1998
Jurmala Residence, Riga, Latvia, 1998

Daher habe ich eine Zehn-Punkte-Forderung aufgestellt:

1. Das Profil der deutschen Architektenausbildung muss radikal verbessert werden. Eine Vorschlagliste hierzu gibt es von mir. Ausländer – speziell aus Drittländern – müssen in großer Zahl in Deutschland Architektur studieren wollen und können, eventuell gefördert durch das Bereitstellen von Stipendien.

2. Deutsche Architektur und deutsche Architekten müssen in der Welt bekannt gemacht werden. ›Publish or perish – veröffentliche oder geh' unter‹ lautet das in der Praxis erprobte Motto. Bücher in höchster Qualität sollten öffentlich gefördert werden, der Kultursender der Deutschen Welle sollte mehr Projekte deutscher Architekten vorstellen. Auch Ausstellungen auf höchstem Niveau müssten organisiert werden.

3. Der deutsche Architekturpreis darf nicht, wie vor zwei Jahren, mit fünf Ehrungen ausschließlich an Ausländer verliehen werden. Besser kann man seinen eigenen Minderwert nicht herausstreichen.

4. Deutsche Publikationsorgane, im Speziellen auch die Fachzeitschriften, sollten ihre eigenen Abonnenten, so sie denn gute und hervorragende Architektur hervorbringen, loben und feiern, so wie alle ausländischen Zeitschriften ihre Helden ohne jegliche Scheu vor Nationalstolz feiern. Die Praxis, ›sein Licht unter den Scheffel zu stellen‹ oder ›Asche auf das eigene Haupt des Berufsstandes zu streuen‹, wird nirgendwo so kultiviert wie bei uns. Viele Publizisten mögen das für eine besondere Tugend halten, für das Ansehen der deutschen Architektur im Ausland ist es sehr schädlich. Unsere Gazetten publizieren nicht nur überproportional viel über ausländische Bauten ausländischer Architekten, sondern im Besonderen und verstärkt auch über Bauten ausländischer Architekten in Deutschland.

Jurmala-Residenz, Riga, Lettland, 1998
Jurmala Residence, Riga, Latvia, 1998

Ein Vergleich zwischen den USA und Deutschland verdeutlicht dies: Man braucht nur die Hunderte von Seiten in der deutschen Fachpresse zusammenzuzählen, die uns über die Bauten von Richard Meier, Frank O. Gehry, Peter Eisenman, Helmut Jahn, I. M. Pei & Henry Cobb usw. informieren, und dann versuchen, auch nur zehn Seiten in US-Gazetten über Bauten deutscher Architekten zu finden. Man wird vermutlich keine einzige finden. Wenn in einem Fußballmatch eine Mannschaft 1 : 10 unterliegt, ist es blamabel. Im Publikationsmatch zwischen den USA und Deutschland steht es aber 100 : 0 oder gar 1000 : 0. Dies ist ein hartes Faktum miserablen Marketings.

Wenn man in amerikanischen Fachkreisen über die Architekturszene in Deutschland redet, betrachten die amerikanischen Gesprächspartner diese als eine herrliche Tummelwiese für ihre Experimente, während sie die in Deutschland geborenen Kollegen mit dem Bauhaus eingeschlafen wähnen.

5. Der nach wie vor anhaltenden Benachteiligung deutscher Architekten in Europa trotz EU-Norm muss mit entschlossenen Maßnahmen begegnet werden: Entweder durch Sanktionen, die greifen, oder durch sinnvolle Gegenmaßnahmen, die das Gleichgewicht wenigstens annähernd herstellen. Dies schuldet die Politik, die

Apartmenthaus, Riga, Lettland, 2001
Apartment House, Riga, Latvia, 2001

sich darin sonnt, dass Architektenhonorare aus deutschen Steuerquellen ins Ausland fließen, ohne dass auch nur ein Bruchteil im Austausch zurückfließt, dem Berufsstand. Dies wäre auch eine zentrale Aufgabe der Architektenkammer, der sich anzunehmen sinnvoller wäre, als ostdeutsche Kollegen mit Ehrenverfahren abzustrafen, die für den Wettbewerb für eine Schule in Konkurrenz zu ausländischen Stars ins Rennen geschickt werden und sich Hilfe bei Kollegen holen.

6. Die deutsche Wirtschafts-, Außen- und Kulturpolitik muss begreifen, dass ihr völliges Desinteresse am Wirken deutscher Architekten im Ausland nicht nur ignorant ist, sondern dem Strafbestand unterlassener Hilfeleistung gleichkommt.

    Das Auswärtige Amt muss deutsche Botschaften und Konsulate auffordern, aktive Unterstützungsarbeit und gezielte Akquisition zu leisten, so wie das für Amerikaner, Kanadier, Franzosen und Briten eine Selbstverständlichkeit ist.

7. Die deutsche Wirtschaft (Bauwirtschaft und Zulieferer hochwertiger Bauelemente) sollte die Aktivitäten deutscher Architekten als Vorboten mit Logistik, Aufträgen für Entwicklungsstudien sowie Beratungen tatkräftig unterstützen, im Interesse einer Wegbereitung zu den Absatzmärkten für ihre eigenen Produkte.

8. Sich auf dem Weltmarkt neu einzumischen, ist wirtschaftlich riskant und kapitalintensiv. Ohne diese Risikobereitschaft und ohne eine unternehmerische Dynamik hat man keine Chance. Deshalb der Appell und die Ermutigung an die eigenen Kollegen, Kooperationen mit Ingenieuren und Firmen einzugehen. Ran an die Entwickler und Investoren!

    Ein Wettbewerb kostet zwischen 60 000 und 125 000 Euro. Dafür müssten finanzielle Hilfen bereitgestellt werden, unter Umständen verbürgte Kredite oder vielleicht sogar initiierte ›Starter-Programme‹.

9. Wichtig ist ein eigenes Profil, eine Identität, die verhindert, dass man nur ›mit den anderen mitschwimmt‹. Das heißt, das Kultivieren der eigenen Tugenden wie Gradlinigkeit, Verlässlichkeit, Qualitätsbewusstsein, Beständigkeit, Einsatzfreude, sachliches Engagement und Professionalität. Dilettantismus ist tödlich. Deutscher Architekturexport muss sich deutlich, sehr deutlich unterscheiden.

10. Den Kulturexport verneine ich, für mich ist dies ein Kulturaustausch: ein Transfer geistiger Leistungen und ein Transfer von Know-how, aber immer mit Verantwortung gepaart. Das Kapitel hat eine sehr bedeutende berufsethische Komponente. Es ist einfach, zu predigen, dass nur beste und qualitätvolle Entwürfe exportiert werden dürfen, also wertvollste deutsche Architekturprodukte. Wichtig ist, berufsethische Grundsätze zu wahren und nicht Erfüllungsgehilfe für städtebauliche Sünden und architektonische Verrenkungen zu werden.

Ich fasse zusammen:

Deutschland genießt eine sehr hohe Wertschätzung ob seiner Qualität und Professionalität in der Welt. Wenn deutsche Architekten auf den Weltmarkt gehen, sollten sie mit hohem Verantwortungsbewusstsein gegenüber der Baukultur und der eigenen Berufsethik etwas wahrnehmen und leisten, was auf dem Weltmarkt ein Defizit ist: sich einer Moral verpflichtet sehen, die Export nicht als Marktausnutzung versteht, sondern als verantwortungsvolle Mission eigener Berufung.

    Wenn wir uns mit dieser anspruchsvollen und sehr noblen Rolle aktiv und tatkräftig einbringen – dann ist unser Zuspätkommen vielleicht sogar ein Vorteil. Viele andere haben ihre Glaubwürdigkeit bereits verspielt. Wenn wir in eine besser gestaltete Umwelt glaubwürdig zu exportieren vermögen, dann wird man uns empfangen.

Taima- und Sulayyil-Wüstensiedlungen, Saudi-Arabien, 1980
Taima and Sulayyil desert settlements, Saudi Arabia, 1980

We are living in a globalised world in which mobility potentially offers us boundless opportunities. Instead, we find market uniformity in many places. And yet, the longing for individuality and the need to recognise an authentic identity remain unabated. Culture is the basis of identity and creates individuality. Though cultural exchange could well be a form of cultural export, acceptance of the "American way of life" as a valid culture results in an omnipotent cultural hegemony. In this respect, we ought to be wary of cultural export. This is particularly true in the field of architecture. The architectural market is one of the biggest export markets of all. With very few exceptions of outstanding quality but negligible quantity, however, it is also subject to the US marketing principles.

Architectural exports from Germany are almost non-existent. Neither are economic or political support by the public sector and the government. Yet exporting architecture harbours enormous economic potential, given that it tends to go hand in hand with the export of construction products. German architects are virtually unknown, even in Europe. Indeed, other European countries pursue a policy of promoting their own architects while massively hindering German architects. We have experienced this in a number of projects in several European countries.

Elsewhere, beyond Europe, we have not experienced any direct discrimination against German architects – they are quite simply unknown. But how do we gain a foothold on, say, the Far-Eastern market? A famous name certainly helps. Another important factor is economic and political support. This is why we have held lectures and talks, and issue publications afterwards. We have mounted an exhibition in Beijing with an accompanying publication in Chinese. We have taken part successfully in competitions. What is more, the German School in Beijing, the biggest project to be built abroad by the Federal Government, has attracted considerable media and television coverage.

"Cultural exchange" involves a certain give-and-take, and mutual support. The Chinese are interested in our "know-how" and expertise. So it might be apt to describe this as "exporting knowledge". The enormous balance sheet deficit in this respect – Germany is a huge importer and an insignificant exporter – is nothing short of scandalous.

German quality and professional skills are highly regarded throughout the world. When German architects move onto the international market, they should think of it in terms of a moral obligation to regard exporting as a responsible vocational mission rather than mere exploitation of the market. If we play an active role in this way, we may even reap the benefits of arriving on the scene at a fairly late stage. After all, many others have already lost credibility. If we succeed in exporting better designs for a built environment, we will be welcomed with open arms.

Meinhard von Gerkan

Sheraton Hotel und Einkaufszentrum, Ankara, Türkei, 1991
Sheraton Hotel and shopping mall, Ankara, Turkey, 1991

Sheraton Hotel und Einkaufszentrum, Ankara, Türkei, 1991
Sheraton Hotel and shopping mall, Ankara, Turkey, 1991

Architekturexport
Export of Architecture

BoCom Financial Tower, Shanghai, Volksrepublik China
ABB Architekten

Architekturexport in der Praxis, oder:
Wie aus einem deutschen Entwurf
ein chinesisches Hochhaus wird

Aufträge aus der explosionsartig wachsenden Finanzmetropole Chinas sind höchst begehrt. Um hier aber Erfolg zu haben, genügt nicht nur der aus eigener Sicht beste Entwurf. Schon die Einladung zum mehrstufigen Wettbewerb stellt eine erste Hürde dar: Die Teilnehmer, egal aus welchem Kontinent, müssen die Unterlagen persönlich in Shanghai abholen und den Entwurf auch persönlich einreichen. Ist man an Ort und Stelle, kann die Zeit genutzt werden, um das Grundstück und die Umgebung zu besichtigen und Kontakt mit den Planungsbehörden aufzunehmen.

Mitten im Bankenviertel Lujiazui auf der Halbinsel Pudong entsteht ein Bürohochhaus für die drittgrößte Bank Chinas. Die Umgebung wird vom höchsten Bauwerk des Landes beherrscht, dem Oriental Pearl TV Tower mit seinen 468 Metern und seiner etwas aufdringlichen Symbolik von den ›Elf auf eine smaragdfarbene Platte fallenden Perlen‹. Auf dem Nachbargrundstück wächst ein 226 Meter hoher Solitär aus dem Boden, das International Finance Building der japanischen Architekten Nikken Senkkei. Andere städtebauliche Bezüge, an denen sich der Entwurf orientieren könnte, sind nicht mehr auszumachen, nachdem das Gelände in eine tabula rasa verwandelt wurde. Die Leitbilder der Bebauungspläne für das bislang vernachlässigte andere Ufer der Stadt stellen eine Mischung aus traditionellen chinesischen Vorstellungen von Achsen und Hierarchien mit radialen Konzepten dar, wie sie beispielsweise in einem Vorschlag von Richard Rogers formuliert worden sind.

Das Wettbewerbsteam von ABB Architekten reagierte mit einem unverwechselbaren Zwillingsbau mit schlanken Türmen – ein höherer (240 Meter) und ein niedrigerer Turm (200 Meter) – und einer fast ebenso hohen dazwischen liegenden Glashalle (160 Meter): auf den ersten Blick eine Figur, die entfernt an den bekanntesten Bau von ABB, das Frankfurter Doppelhochhaus der Deutschen Bank, erinnert. Im Unterschied zu den nur unten verbundenen, gleich hohen Türmen in Frankfurt wurden für Shanghai drei Verbindungsstege in der Glashalle vorgesehen, um den internen Verkehr zwischen den beiden Baukörpern zu erleichtern. Die rautenförmige Geometrie des Grundrisses bezieht sich auf die beiden Straßen des Baugrundstücks. Eine klare Zonierung wird durch eine Dreiteilung in stützenfreie Großbereiche mittels zweier Treppenhäuser mit Aufzugskernen in den zugespitzten Ecken erreicht. Es wurde auf attraktive Raumbeziehungen geachtet; so wird die deutlich akzentuierte Schauseite zu einem zukünftigen Park ausgebildet.

Das Konzept war auf Anhieb erfolgreich, denn es machte ABB neben zwei renommierten Architekturfirmen aus den USA – Helmut Obata Kassabaum und Fong & Chang Architects – zu den Gewinnern der ersten Runde des mehrstufigen Verfahrens. Als einziger Teilnehmer hatte ABB auf einen Doppelturm gesetzt, der eleganter als die Lösungen der Konkurrenz wirkte. Die zweite Runde verließ ABB im Juni 1996 als alleiniger Sieger.

Der Bauherr hatte es eilig, so dass nun eine Kaskade von Aufträgen mit knappen Terminen folgte – drei Monate für Vorentwurf mit Technikkonzept, drei Monate für die Baugenehmigung und weitere sechs Monate bis zum Abschluss der Entwurfsplanung, während gleichzeitig bereits die Ausführungsplanung mit dem chinesischen Partner in Gang gebracht wurde. Das ECADI, die größte Architekturfabrik Chinas mit Tausenden von Planern, übernahm die Haustechnik und später die Statik, Werkplanung, Ausschreibung und Bauleitung. Die Arbeitsteilung über Kontinente hinweg zwang zur Reduktion auf das A4-Format: mit Anmerkungen versehene Leitdetails und Planausschnitte wurden auf A3-Blättern bei ABB entwickelt, verkleinert nach Shanghai gefaxt und dort wieder hochkopiert.

In dieser Phase wurde die Gebäudehülle als Röhrentragwerk in Stahlbeton definiert, mit einem bauphysikalisch vorteilhaften Verhältnis von Loch- zu Massivflächen von 1:1. So gelang es, den höheren Turm ungewöhnlich schlank zu halten, elfmal so hoch wie breit. Eine besondere statische Leistung, da normalerweise ein Verhältnis von 1:7 als Maximum gilt, möglich nur durch das Zusammenwirken der drei Gebäudebrücken als geschosshohe Aussteifungen mit den Türmen. Die Machbarkeit belegte ein Härtetest, dem ein vier Meter hohes Betonmodell der Türme im Windkanal und auf dem Erdbebenrütteltisch der Tongji-Universität unterzogen wurde. Anders als bei den meisten Hochhäusern gelang es den Architekten, die Turmspitzen von Technik freizuhalten, um attraktiven Raum für Sondernutzungen zu gewinnen. Eine anspruchsvolle Fassade nach neuestem deutschen Stand der Technik hatte dagegen keine Chance; die Bauherren zogen eine konventionelle Lochfassade mit Aluminium-Doppelverglasung, innenliegendem Sonnenschutz und lokalem Sandstein vor.

Architekten	Architects	ABB Architekten, Frankfurt, www.abb-architekten.com
		Heinz Scheid, Lukas Scheid, Michael Beye, Team: Kai-Uwe Käferlein, Christian Klohk, Stefanie Münzer,
		Mariana Reinsch, Marcus Ritter, Andreas Wolf, Janusz Zawadzki
Kontaktarchitekten	Co-Architect	ECADI East China Architectural Design and Research Institute, Shanghai
Bauherr	Client	BoCom Bank of Communication, Shanghai
Tragwerk	Structural	ECADI; König, Heunisch und Partner, Frankfurt
HL-Technik	Technical	ECADI, Obermeyer Planen und Beraten, München
Wettbewerb	Competition	1997
Ausführung	Construction	1998 – 10/2002
Standort	Location	Lujiazui Central Financial District, Pudong, Shanghai, China

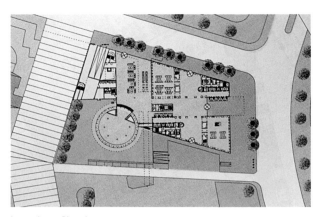

Lageplan **Site plan**

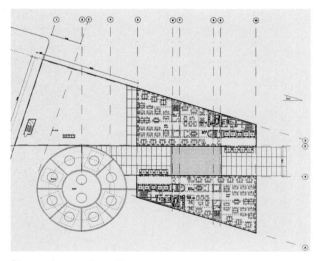

Obergeschosse **Upper floors**

Betonmodell für Windkanaltests
Concrete mock-up for wind channeltesting

Die Kommunikation zwischen deutschen und chinesischen Partnern folgte einheimischen Bräuchen. Mindestens zwölf Arbeitstreffen standen allein für 1998 in Shanghai auf dem Plan. Nur auf den ersten Blick erscheinen solche Termine nach nordeuropäischen Kriterien ›ineffizient‹. Die Großzügigkeit der chinesischen Gastgeber ließ daraus einwöchige Konferenzen mit buntem Programm, abendlichen Tafelrunden und Meetings werden, in denen jedes noch so kleine Detail gemeinsam und in Harmonie verabschiedet wurde – und anschließend auch Gültigkeit behielt.

Das Selbstbewusstsein der Frankfurter Fachingenieure wurde auf die Probe gestellt, als ECADI die eigene Überlegenheit in der Tragwerksplanung für Hochhäuser unterstrich und die Statik übernahm. Die oft genannte Zahl von 2000 neuen Türmen in Shanghai, auf die sich die lokalen Erfahrungen stützen, mag übertrieben sein, dennoch aber ist die tatsächliche Zahl unendlich viel höher als die vier Dutzend Hochhäuser, denen die Mainmetropole ihr Image verdankt.

Umgekehrt gelang es den Architekten, die chinesischen Bauherren mit Symbolen, gefälligen Bildern und Extravaganzen zu entzücken. So wurde die mittige Erschließung mit der Rotunde im Grundriss in Gestalt eines ›b‹ wie das Logo der BoCom angelegt. Schon im Wettbewerbsentwurf war der eiförmige Bankettsaal vorgesehen, der an der Spitze des höheren Turms frei über einer Wasserfläche schweben soll. Folgenreich war auch die von ABB präsentierte Schauzeichnung des ›Renderers‹ Peter Seitz, die den öffentlichen Park vor dem Zwillingsturm mit gerundeten Formen bei Wasserbecken und Fontänen dekorierte. Wer den Park – der nicht zum Auftrag gehörte – heute sieht, findet einiges davon verwirklicht.

Besondere Bereiche wie die Eingangshalle, die Geschosse des Vorstands und die Räume für Sondernutzungen wurden mit größter Sorgfalt detailliert. Die Auswahl des Innenarchitekten geschah noch gemeinsam mit den deutschen Planern. Nachdem zur Jahrtausendwende die Fassade pünktlich fertiggestellt war, liegt der Innenausbau ganz in chinesischen Händen, und man lässt sich Zeit. Ob und wie die Entwurfsskizzen aus Frankfurt tatsächlich realisiert werden, weiß selbst ABB nicht genau. Bis zur festlichen Einweihung im Oktober 2002 haben fremde Augen keine Einsicht.

Peter Cachola Schmal

Perspektive, Peter Seitz
Perspective, Peter Seitz

Architectural Export in reality, or:
How a German design becomes a Chinese high-rise

In the midst of Lujiazui banking district on Pudong peninsula, an office high-rise is supposed to be built for China's third biggest bank. The peninsula is dominated by the tallest building in the country—the 468 metre high Oriental Pearl TV Tower. On the adjacent site of the bank, the 226 metre International Finance Building was still under construction. There were no other discernible urban references for the design of the high-rise, given that Pudong was in the process of being completely transformed.

The competition team at ABB Architects responded with a distinctive twin tower design featuring a taller tower (240 m) and a lower tower (200 m), with a 160-metre-high glass hall between them. The lozenge-shaped geometry of the ground plan is oriented towards the two streets of the site. Clear zoning is achieved with a tripartite division into large, column-free areas, created by means of two stairwells with elevator cores placed into the sharply angled corners.

After winning the competition, ABB was responsible for the design and ECADI, China's largest architectural company, managed the building permission planning, all technical services, structural, tendering, contracting and construction supervision. This division of labour meant that all the plans were drawn up on A3 sheets and had to be reduced to DIN A4 format to be faxed to Shanghai, where they were re-enlarged.

The outer shell of the building was turned into a structural tube executed in high performance reinforced concrete. This made it possible to build an unusually slender tower, eleven times as high as it is wide. This remarkable achievement was the result of the structural interaction of three connecting bridges, functioning as full-storey bracings together with both towers. Unlike other high-rise buildings, the tops of these towers were unencumbered by technical use, leaving them free to be used as attractive spaces for meeting or conference halls. The facades were completed at the turn of the millennium, in the form of a standard punctuated facade with thermopane glass and interior sun-shading with added local sandstone cladding. That left the interior fittings entirely in Chinese hands. It is not known whether all the design sketches drawn up in Frankfurt were actually implemented. No outside observers are allowed inside the building until its official inauguration in October 2002.

Peter Cachola Schmal

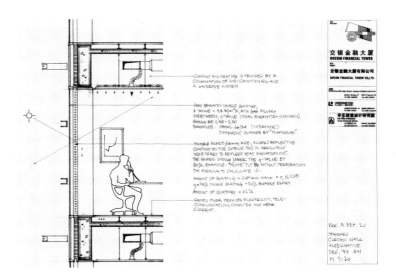

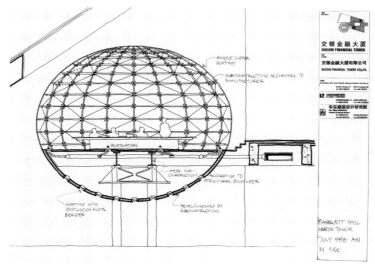

Fax-Entwürfe **Fax-designs**

Luftbild
Aerial view

ESO-Hotel, Cerro Paranal, Chile
Auer + Weber + Architekten

Das ungewöhnliche Hotel Area liegt in der abgelegenen Mondlandschaft des Cerro Paranal, einem Bergmassiv in der Atacama-Wüste im Norden Chiles. Dort dient es als Unterkunft für die Mitarbeiter und Gäste der Europäischen Südsternwarte (ESO), die das auf einem benachbarten Gipfel errichtete Riesenteleskop unterhalten und nutzen. Die Architekten haben darauf verzichtet, durch monumentale Strukturen mit der unendlichen Weite der Wüste konkurrieren zu wollen. Der Gebäudekomplex sollte sich vielmehr in die ebenso karge wie hügelige Landschaft einfügen und seine Nutzer vor den lebensfeindlichen Umweltbedingungen schützen, die sich aus der geografischen Lage und der Höhenlage von 2300 Metern über dem Meeresspiegel ergeben – intensive Sonneneinstrahlung, extreme Trockenheit, spärliche Vegetation, heftige Winde sowie gewaltige Temperaturunterschiede zwischen Tag und Nacht.

Bei der Anfahrt wird zunächst nur eine 35 Meter hohe durchsichtige Kunststoffkuppel sichtbar, die in ihrer Form auf das Teleskop Bezug nimmt. Eine abschüssige Rampe führt den Gast zum Hoteleingang, wo er beim Betreten der Halle von einem üppigen tropischen Garten überrascht wird. Mit seiner Pflanzenvielfalt erfreut dieser Gartenraum nicht nur das Auge, sondern sorgt auch für ein angenehmes Klima. Kernstück dieses Bereichs ist ein halbrundes Schwimmbecken, das neben seiner Freizeitfunktion auch eine praktische Aufgabe erfüllt: Durch die Verdunstung befeuchtet es die sonst sehr trockene Luft.

Den von der ESO ausgeschriebenen internationalen Wettbewerb gewannen die Architekten Auer + Weber mit einem Entwurf, der neben den üblichen Gästeeinrichtungen einen geschlossenen Raum mit Freizeit- und Entspannungszonen vorsah. Beim Betreten des Gebäudes entsteht deshalb zunächst der Eindruck einer nach außen hin abgekapselten Welt. Die Verbindung zur Umwelt wird jedoch über Fenster und Terrassen wiederhergestellt. Der scheibenartige Baukörper wurde in einer Senke platziert und macht sich die natürliche Unebenheit des Geländes zunutze. Sichtbar wird der Bau nur nach Südwesten – in Gestalt einer 200 Meter langen Fassade, die an ihrem nördlichen Ende aus dem Hang herauszuwachsen scheint. Die vier Geschosse sind über Rampen verbunden, die zur Begegnung einladen und den Übergang zwischen den öffentlichen und den privaten Bereichen erleichtern.

Die höchste Priorität unter den Planungsvorgaben galt dem Ziel, jegliche Erhellung des Nachthimmels zu vermeiden. Die Gästezimmer liegen daher auf der den Teleskopen abgewandten Seite des Gebäudes. Aus dem gleichem Grund sind alle Gebäudeöffnungen lichtdicht verschließbar. Sowohl die Kuppel als auch die Gartenüberdachung in der Nähe der Zimmer lassen sich bei Nacht mit lichtundurchlässigen Stoffbahnen verdunkeln. Die schlitzartigen Fensteröffnungen sind mit Schiebeläden ausgestattet, und in den Zimmern müssen die Vorhänge zugezogen werden. Tagsüber hingegen kann das gleißende Sonnenlicht angenehm gebrochen in das Gebäudeinnere eindringen.

Eine weitere Vorgabe bestand in einer kostengünstigen Bauweise mit Materialien, die geringen Instandhaltungsaufwand und niedrige Heizkosten erwarten lassen. Die Stahlbetonwände nehmen tagsüber Hitze auf und strahlen sie nachts wieder ab. So erfolgt die Regelung der Belüftung und der Innenraumtemperaturen auf natürliche Weise. Die Architekten bemühten sich, den Bau vor allem durch die Farbe der Fassade in die natürliche Umgebung einzupassen. Die Eisenoxid-Pigmentierung der Fassadenverkleidung entspricht den Farbschattierungen im Geröll der vegetationslosen Wüstenlandschaft.

Um gegenüber Nutzungsänderungen flexibel zu bleiben, wurde für die Gästezimmer und die Büros ein einheitliches Raummodul zugrundegelegt, das auch die Fassade bestimmt. Die durchgehende Struktur wird nur von den Ausgängen und den Terrassen unterbrochen, die zugleich als Aussichtspunkte fungieren. Die Spiegelung der untergehenden Sonne in der durch regelmäßige Fensterschlitze unterteilten Westfassade bietet ein Schauspiel von einmaliger Schönheit.

Den Architekten Auer + Weber ging es darum, ein der Freizeit und der Erholung gewidmetes künstliches Refugium zu schaffen, das vielen verschiedenen Funktionen gerecht wird. Neben dem rund um die Uhr geöffneten Restaurant dienen ein Lesesaal, eine Bibliothek, ein Kino und verschiedene Aufenthaltsräume der gemeinsamen Erholung und Entspannung. Entstanden ist eine architektonische Oase, die nicht nur wirtschaftliche Bauweise mit gelungenem Design verbindet, sondern auch die Sinne anspricht und die geforderte Gegenwelt zu den von der Technologie beherrschten Arbeitszonen der Sternwarte bildet.

Andrea Wahr

Architekten	Architects	Auer + Weber + Architekten, München, www.auer-weber.de
		Fritz Auer, Team: D. Schenkirz & P. Auer, M. Krüger, R. Giessl
Bauherr	Client	ESO European Southern Observatory, München
Tragwerk	Structural	Mayr + Ludescher, München
HL-Technik	Technical	HL-Technik AG, München
Ausführung	Construction	08/1998–08/2001
Standort	Location	Cerro Paranal, Chile

The hotel on the Cerro Paranal in northern Chile, a design by
the architectural practice of Auer and Weber, fits seamlessly
into the surrounding landscape thanks to the choice of
materials and an overall design concept that does not seek
to vie with the endless expanse of the desert.

Inside, the building provides shelter from the harsh climate
that prevails here, an extremely dry location more than 2000
metres above sea level with sparse vegetation, where tempera-
tures soar by day and plummet at night. The interior design
features common leisure and relaxation zones where people
can meet, with a tropical garden and a pool to increase humi-
dity. The building is accessed by ramps leading to all four
floors. Natural light is filtered into the building through a cupola
clad in translucent plastic. Windows and viewing patios afford
eastward views during the day. In the evening, the building is
darkened to ensure that no light pollution affects operation of
the Very Large Telescope erected by the European Southern
Observatory. With a built area of 10,000 sq.m. and 108 rooms,
all of equal size to ensure functional versatility, the building fol-
lows the natural course of the site. Planning and construction
of the hotel were based on the principles of economy, energy-
saving and natural ventilation.

Andrea Wahr

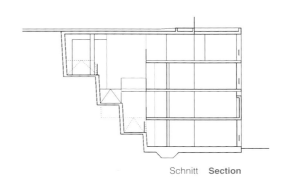

Schnitt   **Section**

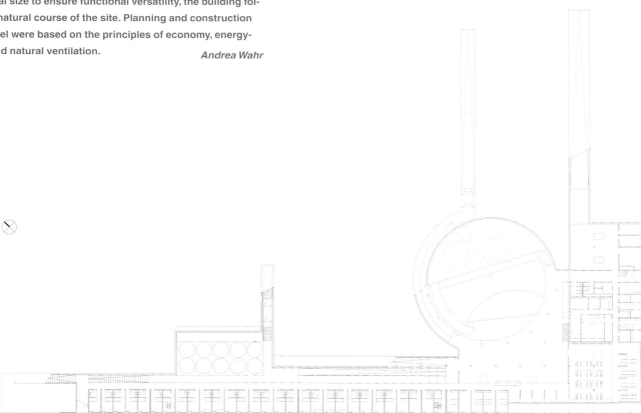

Grundriss   **Floor plan**

Ausblick Flur   **View from corridor**

Eingangsrampe von Nordosten **Entrance ramp from north east**

Ansicht von Südwesten **View from south west**

1 Eingang **Entrance**
2 Eingangshalle **Entrance hall**
3 Hotelzimmer **Guest rooms**

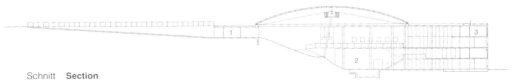

Schnitt **Section**

Flur   **Corridor**

Kuppel mit Pool   **Dome with pool**

Gesamtansicht mit Riesenteleskop
Total view with Very Large Telescope

Trumpf Inc. Customer and Technology Center, Farmington, Connecticut, USA
Barkow Leibinger Architekten

Entworfen von den in Berlin ansässigen Architekten Barkow Leibinger, ist das Customer and Technology Center der Trumpf Inc., einem Hersteller von Maschinen zum Formen und Stanzen von Walzblech, gleichermaßen eine elegante Studie in miesianischer Ästhetik wie eine beredte Antwort auf die in der Nähe befindlichen Beispiele des amerikanischen ›Corporate Modernism‹. Der Traum von der ›Maschine im Garten‹, wie der Historiker Leo Marx es nannte, ist so alt wie die Vereinigten Staaten selbst. Das erscheint nicht weiter überraschend. Die Vereinigten Staaten waren die erste Nation, die parallel zur industriellen Revolution zu voller Blüte heranwuchs und als solche das Augenmerk stets auf Effizienz, Innovation und auf die Potenziale der Technik gelegt hat, die Produktivität zu erhöhen. Zudem hat das Land von Beginn an argrarische Werte sowie eine damit verbundene anti-urbane Einstellung bewahrt.

Der industrielle Bürokomplex spiegelt aber nicht nur diese nationalen Eigenheiten wider, sondern greift auch eine große amerikanische Planungstradition auf: die des akademischen Campus. Andere Nationen besitzen zwar weit ältere Lehrstätten, dennoch ist der College-Campus – ein ›akademisches Dorf‹, wie Jefferson es nannte – als eine organisierte, weitgehend unabhängige und von der Alltagswelt des Geldverdienens getrennte Gemeinschaft eine amerikanische Erfindung. Infolge der Abwanderung der Arbeitskräfte in die Vorstädte und durch steuerliche Anreize angelockt, zogen die amerikanischen Großunternehmen nach dem Zweiten Weltkrieg aus den Großstädten ins Umland und errichteten dort campusähnliche Bauten. Eero Saarinens General Motors Technical Center (1956) in der Nähe von Dallas und Skidmore, Owings & Merrills Hauptsitz der General Life Insurance (1957) außerhalb von Hartford in Connecticut setzten schon früh hohe Maßstäbe für die Architektur des Firmen-Campus.

Zunächst brachten die niedrigen Bauten mit ihren klaren Details eine neue stilbildende Stufe eines nicht zum Wohnen bestimmten Bauens in vorstädtische und ehemals städtische Gebiete. Leider jedoch sank das Niveau im Zuge der Ausbreitung der Industriegebiete. Epigonen, alles voran ›value engineers‹, übernahmen die Federführung, und der vorstädtische ›Corporate Modernism‹ wurde weitgehend zu einem Synonym für minderwertige Formen der Architektur und der Planung.

Als Teil eines größeren industriellen Komplexes von Bürogebäuden, der in den siebziger Jahren nach einem Gesamtentwurf von Skip Green entwickelt wurde, stellt das Trumpf Inc. Customer and Technology Center in Farmington, Connecticut, die Rückkehr zum hochwertigen ›Corporate Modernism‹ in den Vorstädten dar. Das neue Gebäude liegt in einem Gelände unbebauter Feuchtwiesen am Rande eines von Bäumen gesäumten Teiches. Im Osten grenzt es an einen Komplex mit mehreren flach und weiträumig gebauten Fabriken. Der Hauptzugang für Fußgänger führt über einen Pfad, der auf der einen Seite von einer Fabrik und auf der anderen von einer Baumreihe begrenzt wird; die Perspektive wird vom Teich aufgefangen. Das Bauwerk, eine aus rotbraunen Ziegeln und Betonsteinen zusammengesetzte Box, ist von großen Glasflächen und von Einschnitten unterschiedlicher Tiefe durchsetzt und erscheint solide, ohne abweisend zu wirken.

Geht man an der Westseite vorbei, trifft man auf die nach Süden weisende Frontseite mit dem Eingang. An der Hauptfassade stehen von der Erde bis zum Dach reichende Glasflächen in scharfem Kontrast zu Backsteinwänden, die nur durch Oberlichter aufgelockert werden. Die zweigeschossige, vollverglaste Eingangsfront ist innen und außen mit schlanken Zugstangen verspannt, die diagonal zu den Fensterrahmen verlaufen und eine Wirkung erzeugen, die an die elegante Funktionalität von Schiffsarchitekturen erinnert. Dieses Motiv wird an der Ostfassade effektvoll wieder aufgenommen, wo ein großzügig bemessenes Deck als Freiluft-Cafeteria dient, die mit Blick auf das Wasser an die Speiseräume für Personal und Besucher angrenzt. Das Gebäude wurde so geplant, dass es nach Norden hin erweitert werden kann.

Nach dem asymmetrisch platzierten Haupteingang und dem lichterfüllten Verstibül betritt man das beherrschende Innere des Gebäudes, eine zweigeschossige Halle, in der die Maschinen des Unternehmens ausgestellt sind und ihre Funktionen demonstriert werden. Der luftige und einladende Raum dient als virtuelles Museum der Produkte, die mit Hilfe der Maschinen des Unternehmens hergestellt werden. Massive Doppel-T-Träger aus Stahl stützen die von Oberlichtern dramatisch durchbrochene Metalldecke. Eine Galerie in der ersten Etage, die um die Halle herumläuft und Zutritt zum Bürobereich gewährt, wird streckenweise von einer perforierten Metallbarriere eingeschlossen. Eigens entworfene Wandleuchten aus durchlöchertem Walzblech greifen diese Perforation auf. Wie die seitlich gelegenen Büros, Konferenzräume und Kommunikationszonen ist auch die Halle sorgfältig durchgestaltet. Helle Holzpaneele wechseln sich mit Metall-, Glas-, Backstein- und Betonflächen ab. Deckenhohe Glasscheiben verwischen den Unterschied zwischen Innen und Außen, ein Effekt, der auf der oberen Etage besonders reizvoll ist.

Architekten	Architects	Barkow Leibinger Architekten, Berlin, www.barkowleibinger.com
		Frank Barkow, Regine Leibinger, Team: Veronika Schmid
Kontaktarchitekten	Co-Architects	AMS Architects, Avon, CT/USA; Andrew Smith, James Becker
Bauherr	Client	Trumpf Inc.
Generalunternehmer	Genaral Contractor	The Casle Corporation, Avon CT
Tragwerk	Structural	Richard Szesczak Associates
Ausführung	Construction	05/1997– 08/1999
Standort	Location	111 Hyde Rd, Farmington, Connecticut, USA

In gewisser Weise lässt sich das Werk von Barkow Leibinger als Teil eines noch immer lebendigen Austauschs zwischen deutscher und amerikanischer Architektur verstehen, der 1932 einsetzte, als die bahnbrechende Ausstellung des Museum of Modern Art in New York und das sie begleitende Buch »The International Style« von Henry Russell Hitchcock und Philip Johnson das amerikanische Publikum mit dem Modernismus europäischer Prägung vertraut machten. Obwohl bald darauf deutsche Avantgarde-Architekten in die Vereinigten Staaten emigrierten, dauerte es dennoch zwei Jahrzehnte, bis der Einfluss dieser Moderne den engen akademischen Bereich schließlich verlassen hatte. Inzwischen, nach einer längeren Periode des Niedergangs, wird der vorstädtische ›Corporate Modernism‹ nun wieder auf hohem Niveau umgesetzt – von deutschen Architekten, die in Amerika tätig sind.

Thomas Mellins

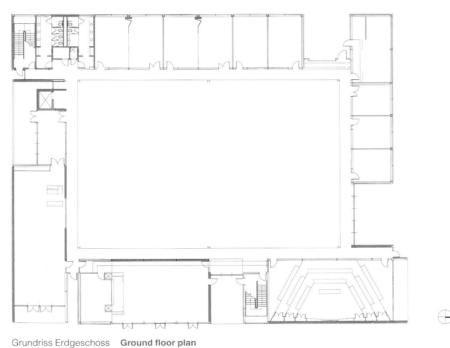

Grundriss Erdgeschoss **Ground floor plan**

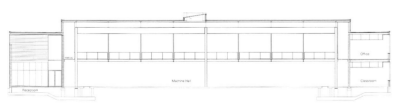

Schnitt **Section**

As designed by the Berlin-based firm of Barkow Leibinger Architects, the Customer and Technology Center of Trumpf Inc., a manufacturer of machines for forming and punching sheet metal, is at once an elegant essay in Miesian esthetics and an articulate response to nearby exemplars of American Corporate Modernism.

The Center, located in Farmington, Connecticut, is part of a larger industrial office park that began to be developed in the 1970s according to a master plan devised by Skip Green. The building, in reductivist terms an iron-spot-brick and cement block box punctuated by large expanses of glass and pierced by indentations of varying depth, appears solid without seeming forbidding.

The main (south) facade strongly contrasts ground-to-roof areas of glass with brick walls relieved only by clerestory windows. The heavily glazed entrance contains a structural support system incorporating thin support rods set diagonally to the window frames. The effect is nautical, evoking the elegant functionality of naval architecture. The motif is repeated to great effect on the east facade where a generously scaled deck serves as an outdoor dining area, contiguous to staff and visitor dining rooms and facing a pond. The building was designed to accommodate expansion to the north.

Upon entering the asymmetrically placed main entrance, and passing through a light-filled vestibule, one immediately encounters the building's dominant interior space, a double-height room where some of the company's machines are displayed and their capabilities demonstrated. The room, airy and inviting, serves as virtual museum of the products the company's machinery helps to manufacture. Massive steel I-beams support the metal ceiling, which dramatically incorporates skylights. A second-story balcony, encircling the room and providing access to office space, is partially enclosed by a perforated metal barrier. Custom-designed sconces are similarly made of pierced sheet metal. Blond wood panels compliment metal, glass, and concrete block surfaces, while floor-to-ceiling glass panels blur the distinction between indoors and out.　　　　　*Thomas Mellins*

Südfassade mit Eingang　**South facade with entrance**

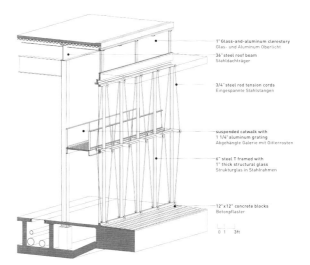

1" Glass-and-aluminum clerestory
Glas- und Aluminum Oberlicht

36" steel roof beam
Stahldachträger

3/4" steel rod tension cords
Eingespannte Stahlstangen

suspended catwalk with
1 1/4" aluminum grating
Abgehängte Galerie mit Gitterrosten

6" steel T framed with
1" thick structural glass
Strukturglas in Stahlrahmen

12"x12" concrete blocks
Betonpflaster

0　1　　3ft

Axonometrie der Außenfassade
Axonometric of exterior facade

Cafeteria **Cafeteria**

Halle **Hall**

Ansicht Nordosten **View from north-east**

Ansicht Südosten **View from south-east**

Abgehängte Galerie
Suspended balcony

Das Neue Luxor-Theater, Rotterdam, Niederlande
Bolles + Wilson

Theater ist ein Fest, ein Ausgehfest. Theater ist auch eine Form von Kultur, und Kultur ist die Art, in der eine Gesellschaft sich selbst gegenüber Rechenschaft ablegt. In dem nach einem Entwurf des Architekturbüros Bolles + Wilson gebauten und im Frühjahr 2001 eröffneten neuen Luxor-Theater gibt sich Rotterdam Rechenschaft über seine Kultur. Das neue Luxor ist der bisher auffälligste Beweis dafür, dass Rotterdam danach trachtet, zu den nationalen, vielleicht auch den internationalen Kulturzentren zu gehören. Alles steht unter diesem Motto: der Spielplan des Theaters, seine Lage und nicht zuletzt auch seine Architektur.

Diese Ambitionen bestimmten auch die Auswahl des Standorts am Kop van Zuid, praktisch in einer Linie zur berühmten Erasmusbrücke. Der Kop van Zuid, das älteste Hafengelände am südlichen Maasufer, war um 1980 derartig abgewirtschaftet, dass sich die Stadtverwaltung an dieser Stelle das bisher ehrgeizigste Stadterneuerungsprojekt in den Niederlanden vornahm. Krönender Abschluss ist jetzt das neue Luxor. Für den Entwurf hatte die Stadtverwaltung Jan Hoogstad, Boris Sipek, Kees Christiaanse, Herman Herzberger, Rem Koolhaas sowie Bolles + Wilson zu einem geschlossenen Wettbewerb eingeladen. Dass Letztere daraus als Sieger hervorgingen, stand in direktem Zusammenhang mit ihrer Interpretation der städtebaulichen Rahmenbedingungen. Der Entwurf sah ein Gebäude vor, das als Verbindungsglied zwischen Wilhelminapier und Kop van Zuid fungieren und sich zugleich deutlich von diesen beiden Planungsgebieten abheben sollte. Wilson war aufgrund seiner früheren Arbeit am Kop van Zuid am besten mit der Situation vor Ort vertraut und nutzte diese Vorkenntnis, indem er einen Bau entwarf, der einerseits die Grenzen der Bauparzelle einhält, sich andererseits aber völlig autonom präsentiert.

Der Grundgedanke des Konzepts mutet einfach an: Indem die Auffahrt zu den Ladeplattformen – ein fester Bestandteil eines jeden heutigen Theaters – in das Gebäude miteinbezogen wurde, gelang es Wilson, dem Theater ein kompaktes Erscheinungsbild zu geben. Die vom Wilhelminapier aus erreichbare, in das Gebäude integrierte und außen durch ein orangefarbenes Stahlfachwerk markierte Auffahrt führt zu einem sich weit auswölbenden Wendebalkon, der es Lastwagen gestattet, rückwärts vor eines der drei Ladetore zu fahren. Die Kurve der Auffahrt folgt teilweise der Krümmung der Rückwand des Theatersaals; Bühne und Bühnenturm befinden sich auf der dem Kop van Zuid zugewandten Seite.

Bei so manchem Theaterentwurf gerät der Bühnenturm zum Stolperstein, doch in diesem Fall markiert er als gelungene plastische Hinzufügung den in der Ecke zur Brücke gelegenen Eingang: Ein ›flytower‹ mit einer ›Luxor-Laterne‹ führt in das Gebäude und lockt die Besucher ins Innere, wo sie eine großzügige, hohe Eingangshalle erwartet. Von dieser beeindruckenden Halle gelangt man über eine schöne, in warmem Holz ausgeführte Rampe, die genau oberhalb der Lastwagenauffahrt liegt, in ein großes, sich teilweise über zwei Stockwerke erstreckendes Foyer an der dem Rijnhaven zugewandten Seite. Vom Foyer wiederum führt eine Treppe in entgegengesetzter Richtung zu einem zweiten Foyer an der Maasseite, das mit einem phänomenalen Ausblick auf die Erasmusbrücke und die Hochhäuser der alten City aufwartet. Die verschiedenen Foyers enthalten fünf in den Pausen stark frequentierte Bars. Ein Großteil der Besucher nutzt die Gelegenheit zu einem Rundgang durch das Gebäude und wird damit selbst zu einem Teil des im neuen Luxor dargebotenen Spektakels. Denn Bewegung, Sehen und Gesehenwerden sind innerhalb des Gebäudes ein Hauptmotiv, und der diese Bewegungen im Gebäudeinnern zentrierende ›Anker‹ – der Bühnenturm und das Auditorium – ist zugleich das Kernstück des Theaters. Die geräumige, allmählich ansteigende Rampe und die gegenläufige Treppe greifen das mit der Auffahrt für den Frachtverkehr eingeführte Thema auf und lassen es zum Leitmotiv des Entwurfs werden. Treppe und Foyers gewähren Zugang zu einem intimen Saal, der mit seinen 1500 Sitzplätzen dennoch zu den drei größten der Niederlande zählt. Wilsons Entscheidung war es, alle klassischen Theatergesetze zu respektieren: Der Saal ist symmetrisch und dunkel (rot und schwarz mit Akzenten in Kirschholz). Akustische Paneele des Künstlers Joep van Lieshout erhielten die Form von über dem Saal schwebenden Wolken; ›Kirk‹ -Stühle sind nach einem Entwurf von Wilson in Rot und Schwarz gefertigt. Wilson sieht seinen Saal als kolossales Musikinstrument, aber zugleich als maßstabswahrenden Raum.

Durch den deutlich markierten Bühnenturm manifestiert Wilsons Bau seine Funktion ohne Umschweife. Verstärkt wird dieser Aspekt noch durch die Schautafeln, die ›Luxor-Laterne‹ und die Art, wie sich die Architektur innerhalb der städtischen Kulisse von Kop van Zuid und Wilhelminapier einfügt: wie ein Schauspieler in sein Ensemble. Die mit der Auffahrt für den Frachtverkehr und der Rampe von der Eingangshalle zum großen Foyer einsetzende Rotationsbewegung wird rund um das gesamte Gebäude fortgesetzt; den rechteckigen Bühnenturm und den damit verbundenen ›flytower‹ umgibt eine Schale, die die gekrümmten Wege der Besucher im Gebäude markiert und zur Seite von Rijnhaven und Kop van Zuid hin fortsetzt. Eine eigentliche Fassade hat der Bau nicht,

Architekten	Architects	Bolles + Wilson, Münster, Prof. Julia Bolles-Wilson, Peter Wilson
Kontaktarchitekten	Co-Architects	Bureau Bouwkunde, Rotterdam
Bauherr	Client	City of Rotterdam (Ontwikkelings Bedrijf. Rotterdams), Luxor
Tragwerk	Structural	Gemeentewerken Rotterdam IBS
Generalunternehmer	General Contractor	IBC Van Hoorn, Capelle a/d Ijssel
Wettbewerb	Competition	1996
Ausführung	Construction	1998–2001
Standort	Location	Posthumalaan 1, Rotterdam

Grundriss Erdgeschoss **Ground floor plan**

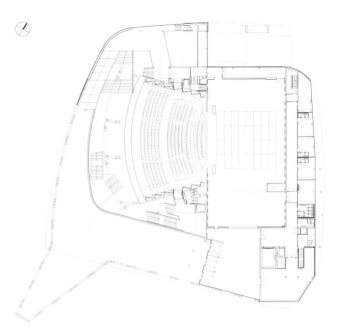

Grundriss 1. Obergeschoss **First floor plan**

vielmehr handelt es sich – um mit Wilson zu sprechen – um
ein 360-Grad-Gebäude. Als Farbe dominiert Rot, die
traditionelle Farbe des Theaters. Die grafische Gestaltung
der Außenseite beschränkt sich auf den Luxor-Schriftzug,
einen ›anamorphic cast‹ von fünf horizontal aufgeblasenen
Schauspielergesichtern an der Ecke des ›flytower‹, die nur
von der Ostseite der Erasmusbrücke aus in ihren richtigen
Proportionen zu sehen sind, sowie ein den Spielplan erläu-
terndes LED-Band.

Das neue Luxor ist Wilson zufolge der schönste Auftrag,
an dem er jemals gearbeitet hat. Dieser Bau ist, was jede
vollwertige Architektur zu sein hat: ein Beitrag zur Entwicklung der internationalen Disziplin der Architektur. Und somit
ist das neue Luxor ein Meilenstein in der Selbstrepräsentation
auf Rotterdams Weg zur internationalen Kulturstadt.

Cor Wagenaar

Ansicht von Nordosten **View from north-east**

Ansicht von Norden **View from north**

The New Luxor Theatre in Rotterdam is the culmination of the urban planning development for the southern Maas pen insula Kop van Zuid. The key to the design lies in integrating the access ramp to the loading platform into the building. The entrance, accessed from the direction of Wilhelminapier and marked by an orange steel framework, leads to a sweeping turn-around area where trucks can reverse up to the loading gates.

Stage and flytower are situated at the side facing the Kop van Zuid, with the flytower and "Luxor Lantern" marking the entrance. From the spacious entrance hall, a beautiful ramp in warm-toned wood built directly above the truck entrance leads up to a large foyer, part of which is two storeys high, on the side facing the Rijnhaven. From the foyer itself, a stairway leads in the opposite direction to a second foyer on the Maas side, offering breathtaking views of the Erasmus Bridge and the high-rises of the old city. The stairs and foyers access an auditorium seating 1500, which retains an air of intimacy in spite of being one of the three largest in the Netherlands. Wilson chose to respect all the classic rules of theatre design: the auditorium is symmetrical and dark-hued red and black with cherrywood). Acoustic panels by the artist Joep van Lieshout are suspended like clouds over the auditorium. The rectangular flytower is clad in a shell that marks the path taken by visitors inside the building, continuing on the Rijnhaven and Kop van Zuid side.

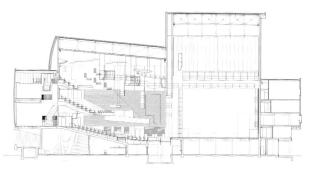

Schnitt **Section**

According to Wilson, the result is a 360 degree building. The predominant colour is red, traditionally used in theatres. On the outside of the building, a striking graphic element is provided by the Luxor lettering, an anamorphic cast of five horizontally inflated faces of actors on the corner of the flytower and an LED display showing the current repertoire. The New Luxor, which Wilson says is the most beautiful contract he has ever worked on, is a milestone in the efforts of this major seaport to transform itself into a city of culture. *Cor Wagenaar*

Rampe **Ramp**

Foyer **Foyer**

Auditorium
Auditorium

Ansicht von Westen **View from west**

Fassadendetail **Detail of facade**

Wenderampe
Turnaround area

Die Neue Messe, Rimini, Italien
gmp – von Gerkan, Marg und Partner

Mit einer Gesamtfläche von 82 000 Quadratmetern, die auf 120 000 Quadratmeter erweitert werden kann, ist der neue Sitz der Messe Rimini eine der größten kommerziellen Anlagen, die in den letzten Jahren in Italien realisiert wurden. Der Bau des 1997 konzipierten Projekts wurde 1999 begonnen und in weniger als drei Jahren fertiggestellt. Dieses Tempo entspricht der Effizienz der kleinen Küstenstadt, die zugleich das wichtigste touristische Ziel an der Adria ist. Der Komplex ist ein bedeutender Beitrag für die historische Stadt in der Romagnola, die im 15. Jahrhundert eines der wichtigsten Zentren der italienischen Halbinsel darstellte. Im historischen Zentrum finden wir den Malatesta-Tempel von Leon Battista Alberti, eines der bedeutendsten Monumente der Architekturgeschichte. Zu den parallelen Realitäten aus Geschichte und Gegenwart in dieser Stadt kommt die Absicht, das touristische Leben mit einem breiten Tertiärsektor zu verbinden. Ein vom Comunione e Liberazione organisiertes Treffen einer der einflussreichsten katholischen Organisationen, das jedes Jahr Anfang September stattfindet, ist eines der wichtigsten Ergebnisse dieser Synergie.

Der Komplex der Messe ist auf einer rechtwinkligen Fläche angelegt, die in drei Punkten geschickt an das Straßennetz angebunden ist. Die planimetrische Organisation ist einfach: Sie entwickelt sich aus einer Quersymmetrieachse, die am Haupteingang in der Mitte der längeren Seite beginnt. Mit der Eingangshalle stellt dieser Punkt den repräsentativen Kern dar, von dem aus zwei Wege in die parallel angeordneten Ausstellungspavillons der beiden Seiten gehen. Die Eingangshalle hat ein kuppelförmiges Gewölbe, während die Ausstellungspavillons von Tonnengewölben überdacht sind. Auf diese Weise ist das Problem der Überdachung von mehr als 80 Prozent der gesamten Fläche mit nur zwei Elementen gelöst. Das Resultat ist eine schlichte und repetitive Fassade, bei der die Gegenüberstellung der Baukörper an ältere Industriebauten in der Poebene erinnert. Die ambivalente Form kann zwischen Produktions- und Repräsentationsbau angesiedelt werden.

Im Innenraum dominiert die Absicht, die Stützkonstruktion auf ein Minimum zu reduzieren, so dass Durchblicke die angrenzenden Räume verbinden. Der Leichtigkeit der tragenden Struktur entspricht ein bewusster Dialog zwischen den vertikalen Stützen und der Betondecke. Dieser wird in der Eingangszone noch offensichtlicher, wo Glasdächer mit Pilastern korrespondieren. Die anderen Baukörper sind von breiten, gebogenen Strukturen aus Lamellenholz bedeckt, eine Lösung, die weit entfernt ist von der gängigen industriellen Produktionsmethode. Andererseits zeigen die übrigen Details überwiegend vom Industriebau abgeleitete Lösungen, wie etwa der vorgespannte Beton, die seriellen Anschlüsse und die breiten gläsernen Flächen.

Die inneren Räume sind mit Sorgfalt detailliert und lassen eine gewisse Kohärenz erkennen, beispielsweise im Gebrauch von Lamellenhölzern für die breiteren Gewölbe. Alle Gewölbe werden von schmalen Säulen getragen, die den gebogenen Profilen der rautenförmigen verflochtenen Decken folgen. Die zentrale, kuppelförmige Struktur erscheint so wie ein Kassettengewölbe in Spiralform. Die Struktur der Decke wird im Fußbodenornament gespiegelt, bei dem augenscheinlich das Pflaster auf dem Kapitolsplatz in Rom Pate stand – das übrigens nicht aus der Renaissance stammt, sondern erst nach 1900 dort aufgebracht wurde.

Im Falle Riminis findet das Zitieren seine Erklärung innerhalb der Hauptteile des Gebäudes, die sich neben einem breiten Hof mit von einer Kuppel überdachten Arkaden erheben. Diesem Hof entspricht die interne Abfolge der Räume mit der Eingangskolonnade, der Säulenvorhalle und dem kuppelförmigen Raum. Die Arbeit mit historischen Reminiszenzen ist allerdings nicht konsequent zu Ende geführt. Beim äußeren Erscheinungsbild fordert die repräsentative Funktion der Messe ihren Tribut. So erklärt sich der majestätische Charakter der Eingangszone, der durch die wenigen, symmetrisch angeordneten Objekte erzeugt wird. Vier Fialen aus verzinktem Stahl definieren den Umriss des Brunnens und unterstreichen auf diese Weise auch die Tiefe der Eingangsperspektive. Im Hintergrund wird die Eingangsarkade vom metallischen Volumen der Kuppel beherrscht. Das Zeichen einer Kuppel des 16. Jahrhunderts ist schon länger ein ›nützliches‹ Element im postmodernen Diskurs.

Die Architekten haben selbst davon gesprochen, dass die Messe Rimini auf lokale ›Tradition‹ anspielt. Ihr Entwurf verwendet mit der Kuppel ein ›ewiges‹ Element der europäischen Architektur für den vergänglichen Raum eines Messebaus – ein Paradoxon, das den Kontrast zwischen der unbekümmerten Atmosphäre des Badeortes und den antiken Wurzeln der Küstenstadt unterstreichen könnte, Widersprüche ins Licht rückt und eine Nähe zu Venturis *Learning from Las Vegas* herstellt. Stattdessen beschränkt man sich aber darauf, ein ›antikes‹ Element durch moderne Bautechnik zu

Glastürme
Glass towers

Architekten	**Architects**	gmp – von Gerkan, Marg und Partner, Hamburg, www.gmp-architekten.de
		Meinhard von Gerkan, Volkwin Marg, Team: Stephanie Joebsch & Yasemin Erkan, Hauke Huusmann, Thomas Dammann, Wolfgang Schmidt, Regine Glaser, Helene van gen Hassend, Mariachiara Breda, Susanne Bern, Carsten Plog, Marco Vivori, Eduard Mijic, Arne Starke, Dieter Rösinger, Olaf Bey, Uschi Köper, Beate Kling, Elisabeth Menne, Dagmar Weber, Ina Hartig
Kontaktarchitekten	**Co-Architect**	Clemens Kusch, Venezia
Bauherr	**Client**	Ente Autonomo Fiera di Rimini
Tragwerk	**Structural**	Favero & Milan, Venezia
Landschaft	**Landscape**	Studio Land, Milano
Wettbewerb	**Competition**	1997
Ausführung	**Construction**	1999–2001
Standort	**Location**	Nuova Fiera, Via Emilia 115, Rimini

reproduzieren. Darin liegt die Ambivalenz der Messe Rimini, die sich zwischen dem Serienbild einer funktionalen Architektur und naiven Verweisen auf die Tradition nicht recht zu entscheiden vermag.

Von Gerkan, Marg und Partner blicken auf eine langjährige Erfahrung in der Projektierung großer Gebäudekomplexe zurück, bei denen sie bewiesen haben, dass sie aktuellen Fragen nicht aus dem Weg gegangen sind. Vor einigen Jahren hatten sie für die Leipziger Messe eine ganz andere Antwort gegeben, mit einer technischen Lösung in Form

eines großen gläsernen Volumens. In der kleinen Stadt an der Adria tritt nun das vage Zitieren historischer Elemente an die Stelle der technischen Forschung. Die Kuppel ersetzt das kristalline Volumen der Leipziger Messe. Der Bau großer Anlagen führt zu der Frage, wie industriell erzeugte Gebäude mit architektonischer Qualität versehen werden können. Die Verwendung historischer Formen in großdimensionierten Gebäuden setzt jedoch die Anerkennung intrinsischer Werte innerhalb dieser Formen voraus, die in veränderten Kontexten gültig bleiben.

Vitale Zanchettin

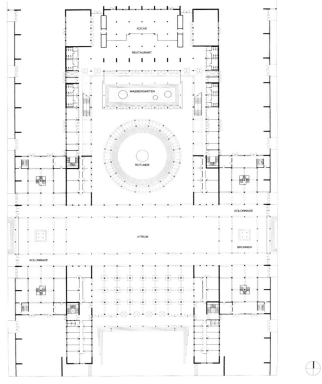

Grundriss Erdgeschoss **Ground floor plan**

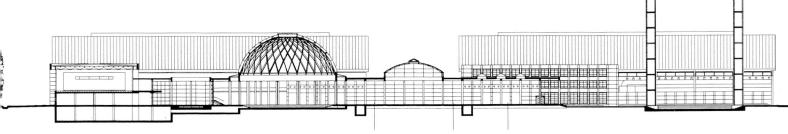

Zentralbereich, Querschnitt **Cross section of central area**

Innenhof Wasserbecken **Patio water basins**

Rimini New Trade Fair, Italy

Rimini Trade Fair is one of the biggest commercial projects to have been built in Italy in recent years. The town of Rimini is a major Adriatic resort combining a historic centre, dating from Classical Antiquity, with a tourist complex stretching along the coast. These parallel realities—history and present day—are echoed by the contrast between a limited, summer-only tourist season and the goal of a broad-based tertiary sector.

The trade fair complex itself occupies a rectangular site that is cleverly linked to the road network at three points. The planimetric organisation is a simple one based on a transverse symmetrical axis that begins at the main entrance in the middle of the longer side. Together with the entrance hall, this point forms the representative core from which two paths lead towards the parallel-positioned exhibition pavilions on either side. The entrance hall has a domed vault, while the exhibition pavilions are roofed by barrel vaulting with a lozenge-shaped structure. This solves the problem of covering more than 80 percent of the overall area with just two elements. The result is a simple and repetitive facade, whereby the juxtaposition of building volumes recalls the older industrial buildings of the northern Italian plains in the region of the River Po. The ambivalent form is a blend of production plant and representative architecture.

The gmp architects aim to lend an architectural quality even to large-scale complexes built using industrial technology. For the Rimini project, this has been achieved by quoting historical forms, conveying an ambiguous message of monumental architecture using prefabricated components. However, this requires a recognition of intrinsic values within these forms, which remain valid in an altered.

Vitale Zanchettin

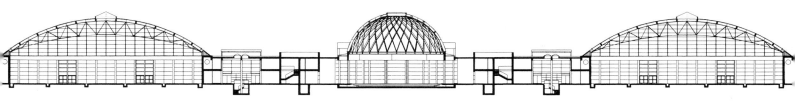

Zentralbereich, Längsschnitt **Longitudinal section of central area**

Rotunde, Bodendetail **Rotunda, detail of floor**

Rotunde, Detail der Kuppel
Rotunda, detail of the domed vault

Eingangshalle **Entrance hall**

Ausstellungspavillon
Exhibition pavilion

Architektur in Deutschland
Architecture in Germany

Norddeutsche Landesbank, Hannover
Behnisch, Behnisch & Partner

Hannover ist eine ernste Stadt, trotz der bald dreißigjährigen
›Nanas‹, verwegener Bushaltestellen, von der Expo übrig
gebliebener Pavillons oder des pirouettenhaft verdrehten
Üstra-Towers von Frank Gehry. Die Exotik der Objekte erscheint in diesem offenräumlichen Gesamtkunstwerk der
1950er Jahre aus organischer Verkehrsführung und Solitär-
architekturen wie ein bemühter Versuch, die erstarrte Heiter-
keit der Aufbaujahre mit gezielten Interventionen eines neu-
zeitlichen Vergnügungswillens zu stören. Überzeugend ist
das bisher nur selten gelungen. Der schwingende Grundton
der von Rudolf Hillebrecht verkehrsgerecht geplanten Stadt
hat dabei selbst in ihrem Kernbereich nicht alle Räume erreicht. So war zwar aus dem Aegidientorplatz, einem der
größten Verkehrsknoten der Stadt, ein richtiger Architektur-
platz geworden, flankiert von guten Rasterbauten wie der
heutigen Kreissparkasse aus dem Jahre 1959 von Hähmer,
zur Nedden und Eggeling oder dem eleganten, plastischen
Theater am Aegi von Klüppelberg und Lichtenhahn aus
dem Jahre 1953. Aber ging oder fuhr man auf dem direkt anschließenden Friedrichswall, dem kürzlich die spindeldürre
Hochstraße genommen und dafür etwas Boulevard-Charakter
gegeben wurde, zum imposanten, freistehenden Neuen
Rathaus, dann lagen dort wieder weit weniger interessante
Gebäude.

Genau an dieser Nahtstelle zwischen Alt- und südlicher
Neustadt, am Übergang zwischen dem offenen Raum der
Aufbauzeit und dem geschlossenen der Gründerjahre, entstand der Neubau der Bank. Der Haupteingang befindet sich
an der Spitze, die zum Theater weist; verschiedene Nebener-
schließungen, Durchgänge und eine rückwärtige Vorfahrt
öffnen das Haus, in dessen stadtseitigem Erdgeschoss sich
Restaurants und Geschäfte befinden. Die für das Quartier
wirksame Figur ist einfach und schlüssig, weil sie das über
alle Auflassungsversuche hinweg vertraute Muster des
Blockrandes aufnimmt und nunmehr – nach dem Abriss der
vorhandenen Nachkriegsbebauung und der Aufhebung der
kurzen Friedrichstraße – die offenen Architekturräume
schließt. Der neue Blockrand mit den intern mehrfach aufge-
brochenen und zum Hof hin verkanteten Flügeln weicht zwei
bestehenden Gebäuden aus, die denkmalgeschützt sind
bzw. als Umspannwerk erhalten werden mussten. In der
Nahsicht auf diesen neuen Blockrand, vor allem aber in der
Untersicht auf den hoch aufragenden, gestaffelten, gedreh-
ten und vielfach dramatisch auskragenden Turmteil im Mittel-

punkt des Hauses wird deutlich, dass hier eine außerordent-
lich komplexe Lösung für ein großes Haus in prominenter
Lage gefunden wurde, die zentrale Linien der Architektur,
des Städtebaus, der Historie und der Gegenwart des Ortes
aufnimmt und in einem virtuos entworfenen Wechsel aus
Aneignung und Verfremdung gebündelt wiedergibt. In der
Fernsicht ist der Turm, der im Verlauf der Planung seine
nadeldünne Spitze verlor und dafür eine bunt schillernde
Krone aus gläsernen Paravents erhielt, längst zu einer neuen,
aus allen wichtigen Sicht- und Verkehrsachsen der Stadt
lokalisierbaren Landmarke geworden.

Wie sich dieser Turm, den die Architekten nicht als
›Hochhaus‹ bezeichnen, aus seinem Kernbau und der Stadt
herausdreht und dabei 70 Meter Höhe gewinnt, hat etwas von
der ernsten Kraft des frühen Expressionismus in der Architektur. Bei aller Leichtigkeit der Fügung entsteht nie der Eindruck
einer bloßen Spielerei. Da zum Hochhaus bereits fast alles
gesagt und entworfen worden ist, da technisch und statisch
beinahe alles möglich ist, wurde der plastische Aspekt der
Aufgabe thematisiert. In der Weiterentwicklung eigener, ähnlich strukturierter, aber unrealisierter Vorläuferprojekte etwa in
München oder Stuttgart wurde in Hannover nun eine Lösung
gefunden, die sich weit von hermetisch geschlossenen
Hochhäusern entfernt.

Leitbild ist die Idee der ›vertikalen Stadt‹. Die mehrge-
schossige Lobby ist ebenso wie große Teile des in freier Geometrie mit Wasser- und Grünflächen gestalteten Innenhofes
auf der Erdgeschossebene öffentlich zugänglich und erlaubt
Fußgängerpassagen. Eingangshalle, Cafeteria und Betriebs-
restaurant schieben sich mit Schrägverglasungen scharfkan-
tig und spitzwinklig in den Innenhof hinein und geben den
Blick auf die fast vollständig verglasten, ruhigen Innenfassa-
den des Haupthauses frei, das mit dem Turm durch glasum-
schlossene Gangways für den internen Verkehr verbunden
ist. Auf jeder folgenden Ebene finden sich unterschiedliche
Vorsprünge, die begrünt oder begehbar sind, drehen kleine
und große Terrassen in den Innenhof hinein, dessen Fassa-
denlinien bis zum dritten Obergeschoss an vier wichtigen
Ecksituationen die straßenbegleitende Orthogonalität der
Randbauten nach innen verlassen und so die bereits hellen,
zu den Büros hin verglasten Flure zu offenen Zonen mit
Öffnungen in den Geschossdecken weiten.

Die Dramatik der Auskragungen und Schichtungen der
wie Schubladen ausgezogenen Turmgeschosse findet hier

Architekten	**Architects**	Behnisch, Behnisch & Partner, Stuttgart; www.behnisch.com
		Günter Behnisch, Stefan Behnisch, Günther Schaller, Team: Martin Haas, Jörn Genkel & Alexandra Burkard,
		Martin Gremmel, Bettina Maier, Klaus Schwägerl, Jörg Usinger
Bauherr	**Client**	Norddeutsche Landesbank, Hannover
Tragwerk	**Structural**	Wetzel + von Seht, Hamburg; Pfefferkorn + Partner, Stuttgart
HL-Technik	**Technical**	Ingenieurbüro Gierke, Braunschweig; Becker + Becker, Braunschweig; Lindhorst, Braunschweig;
		Grabe, Hannover Taube-Goerz-Liegat, Hannover
Energie	**Energy**	Transsolar Energietechnik GmbH, Stuttgart
Lichttechnik	**Light**	Bartenbach Lichtlabor GmbH, Aldrans/Innsbruck, Österreich
Wettbewerb	**Competition**	06/1996
Ausführung	**Construction**	09/1998 – 06/2002
Standort	**Location**	Friedrichswall 10, Hannover

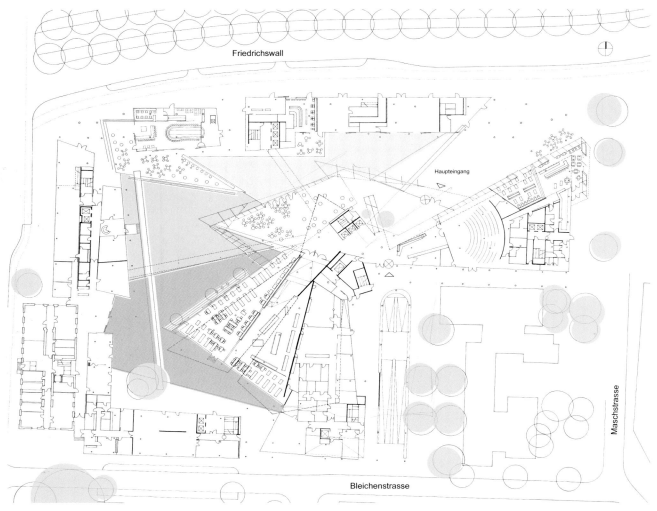

Grundriss **Ground floor plan**

eine funktionale Entsprechung in den Grundrissen. Die technizistische Anmutung des Hauses mit der fast monochromen Hülle aus Glas und Stahl und nur wenigen durchscheinenden Farbelementen vereinzelter hellblauer und hellgelber Wandschrankflächen oder den drehbaren Heliostaten auf den Flügelbauten, die Licht in den Innenhof leiten, lässt eine komplexe Klima- und Beleuchtungstechnik erwarten. Allerdings konnte auf künstliche Klimatisierung weitgehend verzichtet werden, da alle Fenster sich öffnen lassen und den lärm- und wetterexponierten Fassaden eine zweite Glashaut vorgehängt wurde. Der Wärme- und Kältebedarf wird durch Bauteilkühlung, Massenspeicher und natürliche Lüftung geregelt

und durch Photovoltaikelemente und Sonnenkollektoren ergänzt.

Bei aller Strenge seiner Maßordnung und Beachtung der Funktionalität erinnert das Haus an eine Collage auseinanderstrebender Teile, die durch eine künstlerische Ordnung zusammengehalten werden. Damit verweist es, in anderer Gestalt und größerem Maßstab, auf Kurt Schwitters' MERZbau, der im Werk des Dadaisten und ehemaligen Architekturstudenten aus Hannover einen zentralen Platz einnimmt. MERZ war der selbstgewählte Oberbegriff für seine Kunst. Die Silbe MERZ hatte er aus einer Zeitungsanzeige der KOMMERZ- UND PRIVATBANK ausgeschnitten.

Ulrich Höhns

Ansicht von Nordosten, Eingang   **View from north-east, entrance**

The new building was erected at the juncture between the historic city centre that had been restructured in the 1950s and the nineteenth century southern sector. The main entrance is at the tip leading to the "Theater am Aegi". There are restaurants and shops in some parts of the ground floor. The overall layout is clear-cut and simple, following the familiar pattern of a block. A close-up view of the wings that encroach almost threateningly on two older buildings, and the view up towards the soaring, staggered, spiralling and dramatically cantilevered tower section at the centre of the building clearly demonstrate that an extraordinarily complex solution has been found here for the problem of creating a very large building on a prominent site. Seen from a distance, the tower has become a new and distinctive landmark that is visible from all major view axes and thoroughfares of the town.

The multi-storey lobby is open to the public, as is a large proportion of the inner courtyard with its geometrically free landscaping including water and green areas. The courtyard facades of the main building are transparent and calm, with glazed gangways for access to the tower. Each alternate level has accessible zones that jut out and are planted with greenery.

The dramatic cantilevering and layering of the levels in the tower, like open drawers, is functionally echoed in the floor plans. The overall look of the building with its almost monochromatic shell of glass and steel, broken only by a few translucent colour elements, is one of technoid transparency. There is little need for any form of artificial cooling, since all the windows can be opened, while the facades exposed to noise and the elements have a second skin of glass.

It may not be a coincidence that the building is reminiscent of Kurt Schwitters' MERZbau, which is a key element in the œuvre of this famous Dadaist who studied architecture in Hanover. MERZ was the term he chose for his art—a syllable borrowed from a newspaper advertisement for the KOMMERZ UND PRIVATBANK.

Ulrich Höhns

Foyer unter Glasdach   **Foyer below glass roof**

Foyer   **Foyer**

Lichthof   **Atrium**

Pinakothek der Moderne, München
Stephan Braunfels Architekten

Zehn Jahre vergingen zwischen dem Entwurf und der Fertigstellung des Gebäudes, genauer: des ersten Bauabschnitts. Dass die langwierige und konfliktreiche Entstehungsgeschichte, auf die hier nicht eingegangen werden kann, der noch unvollendeten Pinakothek der Moderne nicht geschadet hat, spricht für das Entwurfskonzept des Architekten: Stephan Braunfels gelang es, einen ausdrucksstarken, nicht kurzfristigen Moden verpflichteten Museumsbau zu errichten, der sowohl in seiner städtebaulichen Einbindung als auch in seiner räumlichen Komplexität überzeugt und sich dort, wo es notwendig ist, voll in den Dienst der Kunst stellt.

Die Einweihung im September 2002 gilt ›nur‹ dem ersten Bauabschnitt der Pinakothek der Moderne, in der gleich vier Sammlungen – Grafik, Architektur, Design und Moderne Kunst – unter einem Dach vereint sind. Nach Vollendung des zweiten Bauabschnitts, eines L-förmigen Trakts, der sich wie eine Schale um den Kern legen und gemeinsam mit ihm eine Folge von langgestreckten Höfen mit alten Kastanien umschließen wird, werden auf dem Areal der ehemaligen Türkenkaserne rund 25 000 qm Hauptnutzfläche – mehr als viermal so viel wie in der benachbarten Alten Pinakothek – zur Verfügung stehen.

Stephan Braunfels hatte beim 1992 entschiedenen Wettbewerb eine in städtebaulicher, organisatorischer und architektonischer Hinsicht überzeugende Lösung für eine sehr komplexe Aufgabe parat. Es galt, in unmittelbarer Nachbarschaft der Alten und der Neuen Pinakothek, zwischen Institutsbauten der TU München, die langfristig zugunsten eines dritten Bauabschnitts der Pinakothek der Moderne zur Disposition stehen sollten, und Wohnhäusern am Übergang von der Alt- in die Maxvorstadt einen in zwei Bauabschnitten zu realisierenden Neubau einzufügen. Braunfels entwarf einen autonomen ›Kunsttempel‹, der im zweiten Bauabschnitt durch einen ergänzenden Baukörper für Forschung, Ausbildung und Museumspädagogik in seiner solitären Wirkung relativiert und an seine kleinteiligere Nachbarschaft angebunden werden soll.

Dank der doppelten, zudem diagonalen Erschließung gelang es dem Architekten, den Neubau als Scharnier zu formen: zwischen der südöstlich anschließenden Innenstadt einerseits und Leo von Klenzes 1826–36 errichteter – und nach schweren Kriegsschäden bis 1957 von Hans Döllgast einfühlsam ergänzter – Alter Pinakothek und Alexander Freiherr von Brancas in den 1980er Jahren errichteter Neuer

Pinakothek andererseits. Im Nordwesten empfängt die Besucher eine große Loggia mit Blick auf die Alte Pinakothek, im Südosten werden sie künftig ein ›Tor‹ im Erweiterungsbau durchschreiten, ehe sie durch einen großen Wintergarten mit eingeschobenem Café die Rotunde der zentralen Halle erreichen.

Diese Halle, 22 Meter im Durchmesser, ist der Nukleus des Neubaus: Architektur pur (weiß verputze Wände, geschliffener Terrazzo-Fußboden, flach gewölbte Kuppelschale aus Stahl und Glas) und Ausgangspunkt aller wichtigen Erschließungswege – vor allem aber eine sich ständig wandelnde Bühne für das Spiel von Licht und Schatten und die hier agierenden Betrachter. Von dort führen zwei sich allmählich verbreiternde Freitreppen ins Obergeschoss bzw. ins erste Untergeschoss, das überwiegend der Neuen Sammlung (Staatliches Museum für angewandte Kunst, Gesamtausstellungsfläche fast 2 600 qm) vorbehalten ist.

Über eine 400 qm große, neun Meter hohe von außen einsehbare Halle und eine Folge niedriger Kunstlichträume gelangen die Besucher in ein halbkreisförmiges ›Amphitheater‹ (Stuhlsammlung) und schließlich in einen neun Meter hohen ›Saal für Sekundärarchitektur‹. Letzterer wird von Galerien gefasst, die im Erdgeschoss zum Architekturmuseum der TU München (auf 600 qm in zwei längsrechteckigen Sälen entlang der Nordfassade) und zu einem korrespondierenden 400 qm großen Wechselausstellungsraum führen, außerdem zum Ausstellungssaal der Staatlichen Grafischen Sammlung (300 qm) und zum – auch separat zu erschließenden – Vortragssaal mit 350 Plätzen. Ein zweiter Raum für Wechselausstellungen sowie Restaurierungswerkstätten prägen den südwestlichen Teil des Erdgeschosses.

Das gesamte Obergeschoss sowie eine zusätzliche Galerie in der erhöhten Rotunde sind für die Staatsgalerie Moderner Kunst reserviert. Auf 5 262 qm reihen sich ausschließlich von oben belichtete Säle, deren auf das Elementare beschränkte Architektur mit weiß verputzten Wänden und Holzfußböden sich zugunsten der Kunst zurücknimmt. Kein Lichtschalter, aber auch kein Lüftungsschlitz stört den Anblick der makellosen weißen Wände und der darauf dargebotenen Kunst des 20. Jahrhunderts.

Der fachkundige Besucher wird einige Verweise auf wichtige Werke der jüngeren Baugeschichte entdecken, etwa auf Frank Lloyd Wrights Rotunde des Guggenheim Museums in New York und Axel Schultes' Kunstmuseum Bonn. Doch

Architekten	Architects	Stephan Braunfels Architekten, München; www.braunfels-architekten.de
		Stephan Braunfels, Aika Schluchtmann, Team: Gabriele Neidhardt, Sven Krüger & Dagmar Adams, Jutta Braun,
		Tanja Freiberg, Inge Hager, Nina Höhne, Uwe Koch, Alfons Lenz, Michaela Lind, Jürgen Mrosko, Christian Müller,
		Michael Poplawski, Ulrich Rumstadt, Silke Staab, Reinhard Weiss, Matthias Wichmann, Birgit Lange,
		Katharina Leutheußer, Maureen Schäffner
Bauherr	Client	Bayerisches Staatsministerium für Wissenschaft und Kultur, München
Tragwerk	Structural	Ingenieurbüro Seeberger, Friedl & Partner, München
Lichtplanung	Light Planner	Dr. Freymuth, Institut für Tageslichttechnik, Stuttgart; Lichtdesign GmbH, Köln
HL-Technik	Technical	Ingenieurbüro Stauber & Heimbach, München
Wettbewerb	Competition	1992
Ausführung	Construction	1998–2002
Standort	Location	Barer Straße 40, München

treten sie allesamt nicht als platte Zitate in Erscheinung. Im Gegenteil: Sie geben sich als elementare Bestandteile einer vom städtebaulichen Ansatz bis zur konkreten architektonischen Gestaltung reichenden stringenten Gesamtkomposition zu erkennen.

Ein homogener Gesamteindruck prägt auch das äußere Erscheinungsbild, etwa der nahezu identischen Nord- und Südfassaden, die das Konstruktionsprinzip zu erkennen

geben: sechs – jeweils durch ›Technikachsen‹ getrennte und zum Teil ins Erdreich gegrabene – Würfel von 20 Meter Kantenlänge gliedern die Längsseiten. Lediglich ein wesentlicher Makel des Bauwerks lässt sich ausmachen: Die Sichtbetonflächen der Würfel und der Rotunde, die neben der Loggia und dem Wintergarten die Ansichten prägen, sind sehr unterschiedlich ausgefallen und mussten nachbehandelt werden.

Oliver G. Hamm

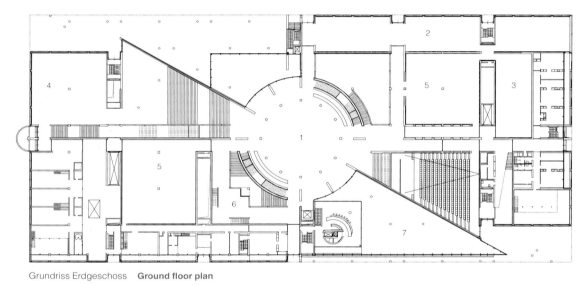

Grundriss Erdgeschoss **Ground floor plan**

1 Foyer **Foyer**
2 Architekturmuseum
3 Staatliche Graphische Sammlung
4 Die Neue Sammlung, Staatliches Museum für angewandte Kunst
5 Wechselausstellungen **Temporary exhibitions**
6 Museumsladen **Museumshop**
7 Cafeteria / Wintergarten **Café / Conservatory**

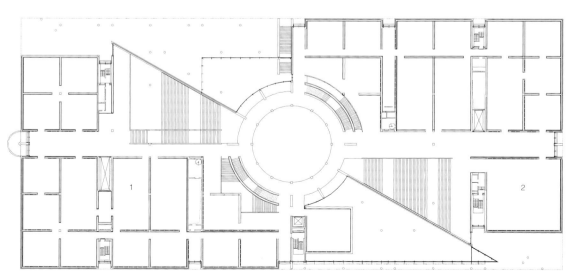

Grundriss Obergeschoss **Upper floor plan**

1 Klassische Moderne **Modernism**
2 Gegenwartskunst **Contemporary Art**

Haupteingang   **Main entrance**

Stephan Braunfels' 1992 competition design offered a persuasive solution to a complex task in urban, organisational and
architectural terms. The brief was to create a new building for
four collections—graphic, architecture, design and modern
art—on the site of a former barracks between the Alte Pinakothek and the Neue Pinakothek and on the verge of the old city
centre and the Maxvorstadt. Braunfels created a "temple of the
arts" with an L-shaped structure, that will later relate the effect
of a free-standing building and harmonise with the smaller-
structured urban fabric of the neighbourhood.

A dual, diagonally aligned infrastructure lends the new
building the function of a hinge between the Alte Pinakothek
designed by Klenze (and sensitively reconstructed by Döllgast)
and the Neue Pinakothek by von Branca to the north-west on
the one hand, and the city centre to the south-east on the other
hand. Visitors to the building enter a loggia, or a winter garden,
leading to the central rotunda which forms the nucleus of the

new building. From there, two open stairways lead to the upper
floor (Staatsgalerie Moderner Kunst, 5262 sq.m.) and down to
the first basement level, used mainly for the Staatliches Museum für angewandte Kunst (almost 2600 sq.m.). The ground floor
houses the Architekturmuseum der TU München (600 sq.m.)
and the Graphische Sammlung (300 sq.m.), with two 400 sq.m.
spaces for temporary exhibitions, an auditorium seating 350
and restoration workshops.

Informed visitors will note some important references to
key works of modern architecture (such as Frank Lloyd Wright's
rotunda in the New York Guggenheim Museum or Axel Schultes'
Kunstmuseum in Bonn). These are not just banal quotations,
but fundamental elements of a stringent overall composition
that is also legible in the facades, clearly reflecting the structural principle: the long facades are structured by six architectural
concrete cubes with a side length of 20 m, separated by "service
axes" and partly submerged in the ground.   *Oliver G. Hamm*

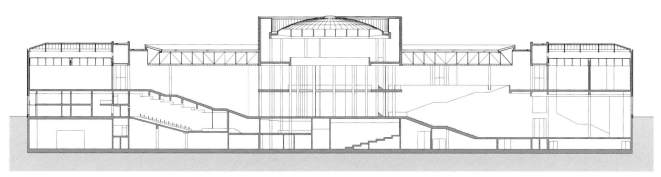

Längsschnitt   **Longitudinal section**

Rotunde im Obergeschoss **Rotunda at upper level**

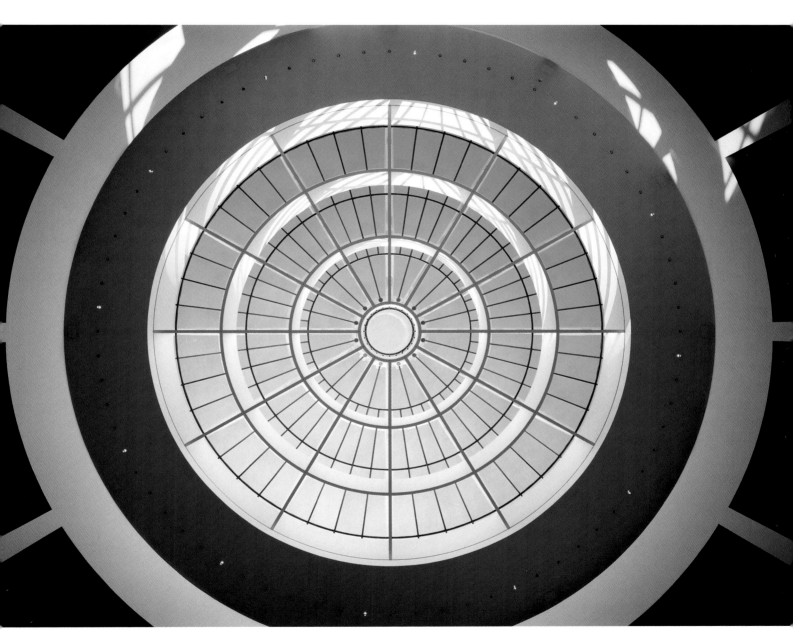

Blick in die Rotunde   **View into the rotunda**

Seite der Rotunde im Obergeschoss
Side of rotunda at upper level

Seite der Rotunde im Untergeschoss
Side of rotunda at lower level

Ausstellungsräume im Obergeschoss
Exhibition halls at upper level

Büroneubau der Swiss Re, Unterföhring
BRT Architekten

München gilt nicht gerade als Epizentrum der zeitgenössischen Architektur. Manche behaupten gar, dass in der weißblauen Metropole seit den Olympiabauten von 1972 nichts Wegweisendes mehr entstanden sei. Doch mit den (Vor-) Urteilen ist es so eine Sache: Sie halten sich hartnäckig, auch wenn die Realität schon längst eine andere ist. »München ist nicht so konservativ, wie der Stadt oft nachgesagt wird«, äußerte der Schweizer Architekt Jacques Herzog in einem Interview der *Süddeutschen Zeitung*. Er muss es wissen, finden sich in München doch jetzt schon mehrere Bauten von Herzog & de Meuron, ganz zu schweigen vom zukünftigen Fußballstadion draußen vor der Stadt.

Und genau da, draußen vor der Stadt, siedeln sich all jene Unternehmen an, die getreu dem ausgegebenen Motto von ›Laptop und Lederhose‹ eine scheinbar sorgenfreie Zukunft verheißen. Unterföhring, die ›Medienstadt‹ im Norden, ist so ein Standort. Auf halbem Wege zwischen Innenstadt und Flughafen wird hier, auf der berühmten ›grünen Wiese‹, seit ein paar Jahren gebaut – das meiste belanglos, weniges mittelmäßig. Dazwischen steht seit kurzem ein bemerkenswertes Gebäude für die Swiss Re, eine der größten Rückversicherungsgesellschaften der Welt, für die schon Norman Foster, Dolf Schnebli und Marcel Meili Bauten entworfen hatten. In einem 1997 veranstalteten eingeladenen Wettbewerb mit zehn Teilnehmern erhielten Bothe Richter Teherani aus Hamburg gleichrangig mit den Lokalmatadoren Allmann Sattler Wappner einen ersten Preis, auf dem dritten Rang folgten Schneider + Schumacher in Frankfurt. Nach einer Überarbeitungsphase entschied sich der Bauherr für die für ihre durchweg unkonventionellen Häuser bekannten Hamburger. In München fehlt bislang noch ein Spitzname für das imposante Geviert, das nichts Geringeres versucht, als die Vorzüge des Englischen Gartens in die Einöde zu transportieren.

Doch der Reihe nach: Die Mitarbeiter der Swiss Re Germany AG sind verwöhnt, saßen sie doch bis vor Jahresfrist, damals noch als ›Bayerische Rück‹, im zeitlos schönen ›Dreizylinder‹ von Uwe Kiessler im Tucherpark direkt am Englischen Garten. Dieser filigrane Bau aus dem Jahr 1976 ist noch immer vorbildlich – und seine Lage privilegiert. Als er zu klein wurde und der Umzug ins Niemandsland Unterföhring anstand, war klar, dass dort draußen eine eigene Welt entstehen muss – ein Haus, das die Defizite der Umgebung ausgleicht. Drei Leitlinien gab es für die Architekten: die Unternehmenskultur der Swiss Re, die Offenheit, Individualität und Teamgeist propagiert, die Qualität des Kiessler-Baus, die es zu halten oder gar zu übertreffen galt, und die Schaffung eines starken Bildes, das als ›prägender städtebaulicher Taktgeber‹ am Unort Unterföhring fungieren sollte.

Schon von weitem sieht der Besucher die ›schwebende Hecke‹, das bestimmende Element des Neubaus. Einstweilen noch als unberanktes Stahlgerüst in luftiger Höhe wahrnehmbar, umschließt die Hecke das gesamte Haus und wird in ein paar Jahren, von Glyzinien und wildem Wein überwuchert, einen Filter vor den wenig erhebenden Ausblick schieben. Das Rankgerüst auf der Baugrenze umschließt ein Parallelogramm mit einer Seitenlänge von 150 Metern; eingestellt findet sich ein zweites, kleineres Parallelogramm. In diesem zweigeschossigen Sockel sind die üppig dimensionierten Gemeinschaftsbereiche untergebracht: Foyer, Mitarbeiter- und Gästecasinos, ein Fitnessclub, die Bibliothek, Verwaltungs- und Konferenzräume, ein Café. Das alles gruppiert sich um den Innenhof, den die nordamerikanische Landschaftsarchitektin Martha Schwartz als artifizielle Landschaft mit Pflanzen, Stein, Glas, Holz und Wasser gestaltet hat.

Hier finden sich auch die vier Farben – rot, grün, gelb, blau –, die den weiteren Aufbau des Hauses quadrantenartig begleiten. Rund um den Innenhof läuft der Hauptflur (was für eine Untertreibung bei soviel Raum!), in seinen vier Ecken führt je ein Kern zu den eigentlichen Arbeitsplätzen im zweiten und dritten Obergeschoss: Denn hoch aufgeständert, auf schlanken Stützen, schweben die ›Units‹ über dem Sockel und gewährleisten den Überblick. Je vier Einheiten sind windmühlenartig um die Kerne gruppiert; die insgesamt 16 Flügel bieten pro Geschoss 25 Mitarbeitern Raum. Was sich kompliziert anhört, erschließt sich vor Ort (im doppelten Sinne) ganz einfach. Vom Kern aus führen kreuzförmige Flure mit elegant gebogenen Milchglaswänden zu den Gruppen. Nur durch eine Art ›Haustür‹ an der Stirnseite kann man eine ›Unit‹ betreten. Die Architektur signalisiert so die Eigenständigkeit der dort arbeitenden Teams, aus der relativen Abgeschiedenheit erwächst jedoch keine Isolation, vielfältige Blickbeziehungen gewährleisten die Einbindung in das Ganze und erleichtern die Orientierung. Und schließlich erlaubt die ›schwebende Hecke‹ vor der Tür einen Spaziergang in luftiger Höhe. Ganz nebenbei wird so auch die lästige Frage der Fluchtwege gelöst.

Schon jetzt, fast nackt noch, bindet die stählerne Pergola den vielgestaltigen neuen Komplex der Swiss Re zu einem Ganzen zusammen. Wenn das Grün erst einmal wuchert, wird ein starkes Zeichen entstehen; ein Zeichen, das fast

Architekten	**Architects**	BRT Bothe Richter Teherani Architekten BDA, Hamburg; www.brt.de
		Jens Bothe, Kai Richter, Hadi Teherani, Team: Christina Tibi & Dagmar Adams, Arne Erichson, Robert Erlac, Anja Koch, Astrid Lipka, Göran Meyer, Maurice Paulussen, Tarek Abd Rabbo, Claudia Springmeier, Carsten Venus, Rebekka Weber
Bauherr	**Client**	Swiss Re Germany AG, München
Tragwerk	**Structural**	Dr.-Ing. Wilhelm Binnewies, Hamburg
Freianlagen	**Landscape**	Martha Schwartz Inc., Cambridge, MA, USA; Peter Kluska, München
Wettbewerb	**Competition**	1997
Ausführung	**Construction**	01/1999−10/2001
Standort	**Location**	Dieselstraße 11, Unterföhring

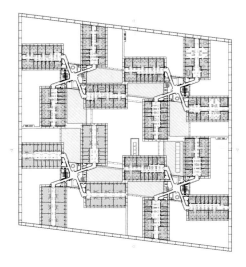

nichts verrät von dem verschwenderischen Raumangebot und den edelsten Materialien dahinter. Die Mitarbeiter der Swiss Re sind verwöhnt. Und sie sind durchaus zu beneiden: Selten hat man Arbeitsplätze von solcher Qualität gesehen. Die kleine Welt, die BRT vor den Toren Münchens erschaffen haben, beeindruckt. Und Hadi Teheranis ›prägender städtebaulicher Taktgeber‹ funktioniert offensichtlich. Schon entsteht Anspruchsvolles in der Nachbarschaft mit dem Unterföhring Park Village von MvRdV und Lauber Architekten. Doch auch wenn die Rückversicherer hier bald nicht mehr die einzigen sind, die es schön haben: Urban ist es hier nicht – und wird es wohl auch nie sein. *Christof Bodenbach*

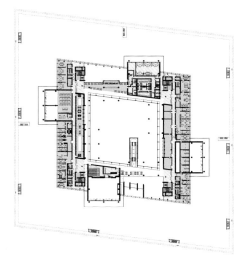

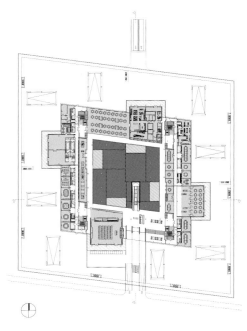

Grundriss 3. Obergeschoss
Third floor plan
Grundriss 1. Obergeschoss
First floor plan
Grundriss Erdgeschoss
Ground floor plan

›Units‹ über Gemeinschaftsbereich
units on top of common area

Unterföhring, the "media city" in the north of Munich, is a premium location. Situated half way between the city centre and the airport, it has seen a flurry of building activity in recent years, little of it noteworthy. Yet in the midst of this mediocrity, a remarkable building has been created for the Swiss Re insurance company, whose head office was previously based directly by the city's famous Englischer Garten. It was lack of space that prompted the move to Unterföhring. At the same time, it was clear that the company wanted to create a world apart for its employees that would compensate for the disadvantages of the context. The building's most striking feature, its "floating hedge", is visible at a distance. At present, it is still a naked grid of steel, but within a few years, when the rambling glycinias and wild vines have taken hold, this "hedge" surrounding the entire building will provide a screen against the otherwise unattractive view. The frame on the edge of the building site encloses a parallelogram of 150 metre sides, within which there is a second, smaller parallelogram. This two-level base houses the spacious common areas grouped around an inner courtyard which American landscape architect Martha Schwartz has transformed into an artificial landscape. The main corridor runs around the courtyard, with an infrastructure core at each of the four corners leading to the actual working spaces on the third and fourth floor: the units hover above the base on slender columns. Groups of four units, respectively, are aligned like windmills around the cores, and the resulting 16 wings provide working space for 25 employees on each floor. From the cores, cross-shaped corridors lead to the groups, with a main entrance door at the narrow end of each unit. In this way, the architecture underlines the individual autonomy of the teams that work there. Finally, the "floating hedge" is a space where people can stroll and relax (while at the same time elegantly solving the problem of providing emergency exits). Once the plants have grown and the hedge is green, this will be a strongly evocative element that betrays nothing of the spacious interior and sumptuous materials within. BRT have impressively succeeded in creating a world apart on the outskirts of Munich.

Christof Bodenbach

Dachgarten   **Roof top garden**

Kulturspeicher, Würzburg
Brückner & Brückner Architekten

Als Theodor Fischer und Ernst May 1928 zum Tag des Denk-malschutzes nach Würzburg kamen, um dort über ›Altstadt und Neuzeit‹ zu diskutieren, erwartete man eine spannende Kontroverse. Doch zur Überraschung aller waren sich beide weitgehend einig. Fischer, der vermeintliche Traditionalist aus München, kritisierte die Schaffung von Museumsstädten und forderte den lebendigen Gebrauch eines Denkmals, der entschiedene Parteigänger der Moderne May plädierte dafür, den Charakter von Altstädten zu erhalten, wobei er die ästhetischen Bedürfnisse freilich gleichberechtigt neben die des Verkehrs, der Wirtschaft und des sozialen Lebens stellte. Das Niveau dieser Diskussion blieb in Würzburg über Jahrzehnte unerreicht. In der Konsequenz wurde die im Zweiten Weltkrieg zu 90 Prozent zerstörte Stadt auf Basis des alten Stadtgrundrisses wieder aufgebaut. Wer seither in der Altstadt des chronisch finanzschwachen, von den Erlösen der Tourismusbranche abhängigen Würzburgs bauen wollte, musste dies im historistischen, allenfalls im postmodernen Mäntelchen tun, zeitgenössisches Bauen hingegen wurde möglichst weit an die Peripherie gedrängt. Erst mit dem Amtsantritt des Baustadtrates Christian Baumgart hat sich die Situation geändert. Baumgart hat sich nicht nur um den öffentlichen Diskurs über Architektur bemüht, sondern auch Ideen- und Realisierungswettbewerbe ausgelobt. Sein wich-tigstes Vorhaben indes ist – einen alten Plan Balthasar Neu-manns aufgreifend – die Öffnung der Stadt zum Main hin.

Als Prestigeprojekt gilt der inzwischen auch von der Politik gern präsentierte ›Kulturspeicher‹, der bereits vor seiner Fertigstellung mehrfach mit Preisen ausgezeichnet und in diesem Frühjahr eröffnet wurde. Der Beschluss der Stadtväter, das ehedem größte Magazingebäude Bayerns in ein Museum umzubauen, bedurfte freilich einiger Unter-stützung seitens der Bürgerschaft. So machte sich eine Initia-tive für die unter Raumnot leidende Städtische Galerie stark. Als dann der Berliner Sammler Peter C. Ruppert der Stadt einen Teil seiner Sammlung zur konkreten Kunst mit der Vor-gabe vermachte, entsprechende Räume zur Verfügung zu stellen, erinnerte man sich an den denkmalgeschützten, seit den achtziger Jahren leerstehenden Lagerbau am alten Ha-fen und entschied, diesen zur ›kulturellen Mitte‹ umzubauen. Der Jury des 1995 ausgelobten internationalen Wettbewerbes ist hohes Lob zu zollen: Sie erkannte trotz städtebaulicher Schwächen das Potenzial des Entwurfs, den das Tirschen-reuther Büro Brückner & Brückner vorgelegt hatte, und kürte ihn mit dem 1. Preis. Der Entwurf – vor allem die Entschei-dung, das Gebäude bis auf die hölzerne Skelettkonstruktion unter dem mittleren Giebel vollständig zu entkernen und

ein die ganze Länge nutzendes Erschließungssystem einzu-richten – versprach ein großzügiges Raumerlebnis. Dieses Versprechen kann der nun auf 160 Meter Länge gestreckte Bau trotz verschiedener Umplanungen und massiver Angriffe seitens nostalgischer Altstadtfreunde auch einlösen.

Schon das Foyer mit seinem bis in 16 Meter Höhe ragen-den Skelett aus massiven Eichenbalken nimmt die Besucher optisch gefangen. Der Blick wandert zum glasgedeckten Dach, bevor er auf die links und rechts gelegenen Beton-schreine fällt, die – hinter tonnenschwer wirkenden Stahltüren – die stützenfreien, weiß gestrichenen Galerieräume ent-halten. Die großzügigen Treppen, Gänge und Galerien, mit denen das Museum erschlossen wird, bieten herrliche Ein-, Aus- und Durchblicke, aber auch generöse Ruhezonen und Austritte, in denen sich der Besucher neu sammeln kann. Die Architekten lieben das Massive und Schwere – freilich ohne in einen didaktischen Neoklassizismus zu verfallen. Ihre Sprache, die auf den ersten Blick vielleicht derb erscheint, ist ungleich raffinierter und anspielungsreicher als jene rekon-struktionsselige Neutektonik, die in Berlin grassiert. Dies ver-deutlichen beispielsweise die nun als Sitzbänke dienenden wuchtigen Eichenquader, die auf dünnen Eisenleisten schwe-ben, oder die eigens entwickelten Hängeleuchten, deren massige Glasbänder durch eine fragile Konstruktion eben-falls schwebend erscheinen.

Während die Architekten die horizontal gegliederte, aus Hausteinen gemauerte Fassade des Altbaus entgegen der üblichen Praxis nur mit Wasserdampf reinigen ließen, er-richteten sie für die neuen Kopfbauten eine Glasfassade, der eine Steinjalousie vorgesetzt wurde. Weil die – ebenfalls massiven – Lamellen in den Obergeschossen aufgewinkelt wurden, lassen sie einen vagen Blick ins Innere zu. Gläsern indes und doch undurchdringlich ist die Hülle der als ›Con-tainer‹ bezeichneten Anbauten, die ein Restaurant, Büros für die Museumsverwaltung und eine Besucherterrasse be-herbergen. Die Scheiben der Glashaut wurden mit einer Aluminiumschicht bedampft, deren Muster einer jener Stahl-platten entstammt, mit denen einst die Speichergüter bewegt wurden. Mit solchen Details, mit rissigen Oberflächen und der Erhaltung der Gebäudestruktur, gelang es den Architek-ten, den historischen Charakter des Ortes zu bewahren. Die Spuren der Vergangenheit – nicht eine idyllische Erfindung, sondern die zumeist raue Geschichte des Gebäudes – sind auch im umgebauten Lagergebäude überall gegenwärtig. Die neue kulturelle Mitte, die die Würzburger bekommen haben, ist kein gelecktes ›Eventmuseum‹, ist kein exklusiver Prada-Minimalismus, sondern ein Kulturspeicher in des

Architekten	Architects	Brückner & Brückner Architekten und Ingenieure BDA/BDB, Tirschenreuth, www.architektenbrueckner.de
		Christian Brückner, Peter Brückner, Jürgen Rustler, Team: Norbert Ritzer, Kristin Heurich, Martin Csakli, Rudi Völkl, Stefan Dostler, Markus Braun, Wolfgang Herrmann, Christine Kreger, Martina Fischer
Bauherr	Client	Stadt Würzburg
Tragwerk	Structure	Brückner & Brückner, Klaus-Peter Brückner; Ingenieurbüro ALS, Würzburg
Energietechnik	Energy	abi Ingenieure, Würzburg
Lichtplanung	Light	Brückner & Brückner, Zumtobel Staff, Lemgo
Ausführung	Construction	05.1999 – 02.2002
Standort	Location	Veitshöchheimerstraße 5, Würzburg

Wortes mehrfacher Bedeutung. Davon ließ sich auch der Denkmalschutz trotz anfänglicher Bedenken überzeugen. Und vielleicht hätten auch der eingangs erwähnte Münchner Ordinarius und sein vorgeblicher Gegenspieler, der Schöpfer des Neuen Frankfurt, in diesem Bau ein Beispiel für moderne Denkmalpflege gesehen. *Enrico Santifaller*

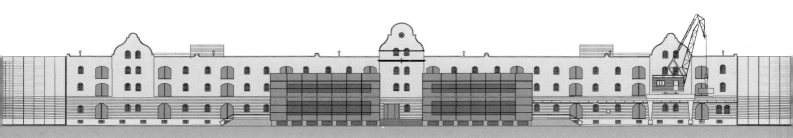

Ansicht vom Fluss **View from river**

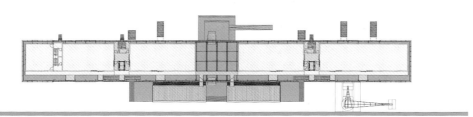

Grundriss 2. Obergeschoss **Second floor plan**

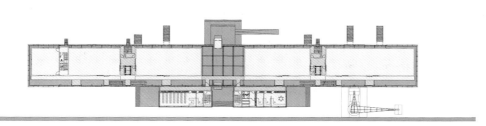

Grundriss 1. Obergeschoss **First floor plan**

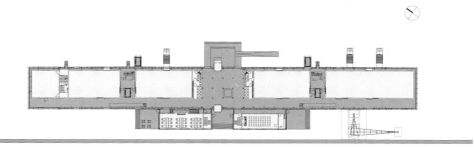

Grundriss Erdgeschoss **Ground floor plan**

This historical monument, a former warehouse now known as the Kulturspeicher, literally Culture Store, houses a museum combining the municipal art gallery and a private collection of Concrete Art. It is a truly impressive building of tremendous presence that deserves to make a major impact far beyond its local importance. In the spirit of 'Interpretative Conservation' propagated by Rudolf Schwarz, this bold yet sensitive conversion sets standards for a future approach to historic buildings. Although the architects completely gutted the old building but for the almost 16 metre high timber beam structure in the foyer, they have succeeded in preserving the character of the place and making its former function legible. The rough hewn stones of the facade are still visible, as are the old steel fittings and the weathered lettering of the former user.

The structure of the warehouse with its three gables between which storage levels are spanned has been adopted by the architects for the building's new function. The difference is that now, the white gallery rooms are set in free-standing concrete cubes like shrines. On the side facing the river, a sweeping system of walkways and stairs stretches the entire length of the building, providing not only circulation to the museum but also fascinating views through, into and out of the volume. For the new head ends of the building, the architects designed a glass facade with a natural stone blind. The solid, tilted slats allow an unclear view into the interior of the building. The seemingly de-materialised glass which clads the 'container' style add-ons housing the restaurant, visitors' terrace and administrative offices on the side facing the river appears strangely solid and almost impermeable. *Enrico Santifaller*

Mainfront mit Anbauten **Riverfront with add-ons**

Ausstellungsraum **Exhibition Space**

10

Dokumentationszentrum, Nürnberg
Günther Domenig

Wie soll man mit der baulichen Hinterlassenschaft aus nationalsozialistischer Zeit umgehen? Vor diese Aufgabe sah sich
die Stadt Nürnberg als einstige ›Stadt der Reichsparteitage‹
seit Kriegsende gestellt – eine Aufgabe, die über Jahrzehnte
hinweg ungelöst blieb. Am 4. November 2001 eröffnete
Bundespräsident Johannes Rau in einem Teil der NS-Kongresshalle ein Dokumentationszentrum, das kein halbes Jahr
später bereits seinen 100 000. Besucher verbuchen konnte.
Publikumsmagnet ist nicht zuletzt die architektonische
Antwort, die der Grazer Architekt Günther Domenig auf den
nazistischen Größenwahn gegeben hat.

Die riesigen Bauten des Reichsparteitagsgeländes hatten ausschließlich den quasi-religiösen Ritualen der alljährlich
stattfindenden NS-Reichsparteitage gedient. Das machte
die besondere Schwierigkeit im Umgang mit ihnen in einem
demokratischen Staat aus. Anders als die Zweckbauten in
Berlin und München konnten die Nürnberger Exemplare
der NS-Herrschaftsarchitektur keiner angemessenen
Nutzung zugeführt werden. So lagen die beiden – vollständig
bzw. teilweise – realisierten und seit 1973 unter Denkmalschutz stehenden Bauten, die Zeppelin-Tribüne und die
Kongresshalle, mehr oder minder brach.

Trügerisch ist die Idylle, die die NS-Kongresshalle
umgibt: Düster und drohend liegt sie am Dutzendteich inmitten eines der beliebtesten Freizeitgebiete Nürnbergs – wie
tot. Im Inneren herrscht allerdings seit Kriegsende reges
Leben: Polizei- und Feuerwehrsender, Gartenbau- und Tief-
bauamt, Katastrophenschutz und Technisches Hilfswerk, die
Nürnberger Symphoniker und die Studios des Collosseum-
Platten-Verlages und vieles andere mehr sind hier untergebracht. Die Gigantomanie der Architektur sollte mit der
Banalität alltäglicher Nutzungen negiert werden.

An der Kongresshalle haben sich immer wieder auch
Bewältigungsphantasien entzündet: abreißen, zuschütten,
umwandeln in ein Fußballstadion und – zuletzt in den
achtziger Jahren – in ein Kommerz- und Freizeitzentrum mit
Altersheim und Sportanlagen. Der hufeisenförmige Bau ist
mit Achsen von 272 x 265 Metern zehnmal größer als sein
Vorbild in Rom, das Kolosseum. Dabei ist das Bauwerk un-
vollendet geblieben. Zur eigentlichen Halle, dimensioniert für
bis zu 60 000 NS-Parteigenossen, ist es wegen des kriegs-
bedingten Baustopps nicht mehr gekommen. Was seither
besteht, umfasst eigentlich nur die Erschließungswege und
ist gewissermaßen das größte Treppenhaus der Welt.

Die Gesamtplanung für das Reichsparteitagsgelände
lag in den Händen Albert Speers. Doch zu dessen Leid-

wesen stammten die Pläne für die Kongresshalle von Hitlers
(nach Paul Ludwig Troost) zweitliebstem Architekten, dem
bereits 1934 verstorbenen Ludwig Ruff. Er war kein National-
sozialist, sondern wohl eher ein Nationalkonservativer. In
jungen Jahren, also seit Beginn des vorigen Jahrhunderts,
hatte sich Ruff mit sozial engagiertem Wohnungsbau einen
guten Namen gemacht. Er war Gründungsvorsitzender des
BDA in Nürnberg, einem Zusammenschluss fortschrittlich
engagierter Architekten. Für den klar links orientierten
MAN-Arbeiterring entwarf Ruff bis 1933 etwa dreißig Sied-
lungshäuschen zum Nulltarif. Die an den Ideen der Garten-
stadt orientierte Kleinwohnungssiedlung ›Werderau‹ blieb
seit 1909 sein lebensbegleitendes Werk. Fortgeführt wurden
Ruffs Projekte nach dessen Tod von seinem Sohn Franz.
Nach Informationen ehemaliger Mitarbeiter des Büros Ruff
reichen die Planungsarbeiten für die NS-Kongresshalle
jedoch weit in die Zeit vor 1933 zurück.

Im Inneren besteht der Torso der Kongresshalle aus
meterdickem Ziegelmauerwerk. Die zum Teil 15 Meter hohen
Räume wurden mit Betondecken überspannt. Von außen ist
der Bau mit Granitplatten verkleidet, die die Wucht massiver
Quader vortäuschen. Zusammen mit dem streng achsen-
symmetrisch angelegten Grundriss, dessen Hufeisenform
an den beiden Enden jeweils in einen rechteckigen Kopfbau
mündet, ist die Wirkung des Bauwerkes von erdrückender
Monumentalität. Sich dieser Wirkung nicht unterzuordnen,
sondern Eigen-Sinn und Eigen-Ständigkeit zu entfalten, war
die große Herausforderung, der sich jeder im Umgang mit
dem Bauwerk stellen musste. Lange Zeit schien es, als könne
man im Falschen nicht das Richtige tun, und beinahe wäre
ein vollkommen lächerliches Glastürmchen (als Zeichen
unserer Zeit!) realisiert worden, hätte die versammelte
Nürnberger Architektenschaft nicht die Ausschreibung eines
Wettbewerbs für das beabsichtigte Dokumentationszentrum
erzwungen. Im November 1998 lagen die Ergebnisse vor.
Zum Sieger wurde der Grazer Architekturlehrer Günther
Domenig gekürt.

Domenig setzte das Dokumentationszentrum in einen
der beiden Kopfbauten. Die Räumlichkeiten wurden weitgehend in historisch authentischem Zustand belassen und teilweise beklemmend effektvoll in die Ausstellungsdramaturgie
einbezogen. Ein Kinosaal ist so trickreich in das hohe
Gemäuer eingehängt, dass er frei im Luftraum zu schweben
scheint. Ganz oben ist ein gläsernes Teilgeschoss aufge-
setzt, das in jeder Hinsicht einen guten Überblick gewährleistet: ganz wortwörtlich als Rundblick über Stadt und Gelände

Architekten	Architects	o. Prof. Arch. DI Günther Domenig, Graz, Österreich; www.domenig.at
		Team: Gerhard Wallner & Sandra Harrich
Kontaktarchitekten	Co-Architect	Bromberger, Nürnberg
Bauherr	Client	Hochbauamt der Stadt Nürnberg
Tragwerk	Structural	Rieger und Brandt, Nürnberg
HL-Technik	Technical	Dess-Falk, Nürnberg
Wettbewerb	Competition	1998
Ausführung	Construction	01/2000–08/2001
Standort	Location	Dokumentationszentrum Reichsparteitagsgelände, Bayernstraße 110, Nürnberg

und zudem im übertragenen Sinne mit seiner Funktion als Studien- und Lernzentrum.

Der Clou des Entwurfs ist eine Röhre aus Glas, die diagonal den Backsteinbau durchstößt und als Erschließung für sämtliche Ebenen des Hauses genutzt werden kann. Sie steckt wie ein Pfahl im Fleische nationalsozialistischer Ideologie. Von der Eingangstreppe ist sie gleichsam durch Wand und Decken durchgeschossen, wobei sich zum Teil Schnittflächen von über fünf Metern ergeben. Am oberen Ende ragt der begehbare Pfahl wie eine Abschussrampe noch einige Meter frei in den Luftraum des Innenhofes hinaus und gibt damit dem Besucher einen wahrhaft atemberaubenden Aussichtsplatz. Dieser Pfahl aus Glas ist von ungeheurer Suggestivkraft, eine bauliche Metapher, wie sie eindrucksvoller nicht sein könnte. Indem er die ehern gemeinte Backsteinwucht des Nazibaus scheinbar mühelos wie eine Torte durchschneidet, entlarvt er ihr hohles Pathos. Und weil der Besucher schon beim Hineingehen in die düstere Nazi-Monstrosität durch den gläsernen Pfahl hindurch am anderen Ende den hellen Schein des Tages sieht, bringt diese Röhre real und metaphorisch zugleich Licht ins Dunkel der Vergangenheit.

Es ist dieser massive, vom Denkmalschutz glücklicherweise zugelassene Eingriff in die vorhandene Bausubstanz, der die besondere Qualität des Entwurfs von Domenig ausmacht. Nur noch ein weiterer Wettbewerbsbeitrag wagte, in die NS-Substanz einzugreifen, der Entwurf von Johannes Peter Hölzinger von der Nürnberger Kunstakademie. Alle anderen Wettbewerbsarbeiten begnügten sich damit, sich an den Nazi-Bau anzufügen, sich neben ihn zu stellen oder gar unter die Erde zu gehen. Enttäuschend an Domenigs Entwurf ist allerdings, dass seine Außenwirkung in keiner Weise der Kraft des Innenraum-Erlebnisses entspricht. Von der Straße aus gesehen wirken die neuen gläsernen Zubauten eigentümlich unauffällig. Eine weitere Akzentuierung im städtebaulichen Umfeld tut also not.

Gerdt-Dieter Liedtke

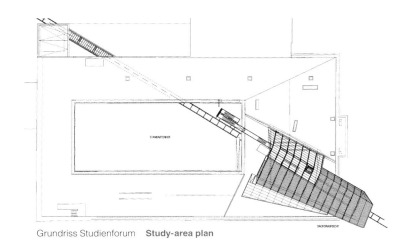

Grundriss Studienforum **Study-area plan**

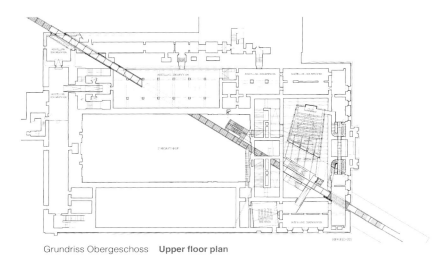

Grundriss Obergeschoss **Upper floor plan**

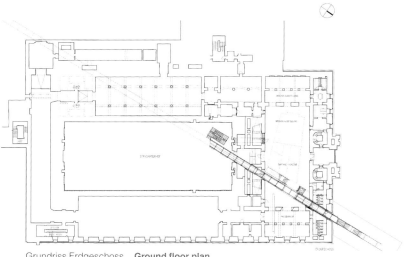

Grundriss Erdgeschoss **Ground floor plan**

How should buildings from the Nazi era be treated? This is the issue with which Nuremberg, erstwhile home of the Nazi Party Rallies, has been confronted ever since the end of the war. On 4 November 2001 German President Johannes Rau officially opened a Documentation Centre in part of what had once been the Nazi Party Congress Hall. Within six months, it had already notched up 100,000 visitors. Much of its appeal lies in way the Austrian architect Günther Domenig from Graz, has responded the Nazi megalomania of the past.

Domenig has situated the Documentation Centre in one of the head-end buildings. The premises themselves have been left more or less in their historically authentic state and have been incorporated effectively into the overall exhibition setting in a way that is at times disturbing. A cinema has been so cleverly suspended into the high structure that it seems to hover freely in the open space. And right at the top a glazed level has been superimposed, providing as much a view as an insight—not only affording all-round panoramic views of the city and the site, but also acting as a centre of study and learning, especially for young people.

The focal point is a glass tube penetrating the walls and floors of the brick building in a diagonal angle, with visible sections of more than five metres in some locations. At the upper end, it juts out freely into the clear space of the inner courtyard for a few metres, creating a truly breathtaking viewpoint for visitors. This stake of glass is potently evocative. A more impressive architectural metaphor is hard to imagine. The ease with which it seems to cut through the solid mass of the Nazi building's brickwork reveals the hollow pathos of the ideology it was built to represent. At the same time, given that visitors to this grim Nazi building immediately see the light of day shining through at the other end, this tube literally and metaphorically brings light into the darkness of the past.

It is this strong incision into the existing structure that lends Domenig's design its special and distinctive quality. Almost every other design submitted for the competition somehow adapted to the Nazi building, built alongside it or even went underground. The only disappointing aspect of Domenig's design is the fact that its outward effect does not have the same striking power as the interior.

Gerdt-Dieter Liedtke

Steinportal   **Stone gate**

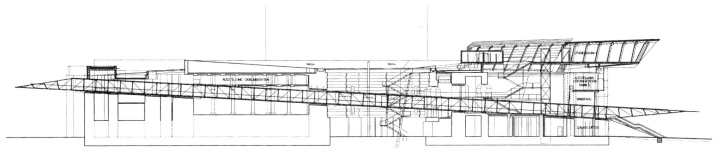

Schnitt Pfahl   **Section through stake**

Podest vor Kinosaal **Gallery in front of cinema**

Treppe im Foyer **Staircase inside foyer**

Pfahl durchstößt Altbau **Stake cuts through existing building**

Untersicht Kinosaal **Bottom of cinema**

Gläserne Manufaktur, Dresden
Henn Architekten Ingenieure

Die Autoindustrie zählt gegenwärtig zu den experimentier-
freudigsten Auftraggebern der Architekturbranche. Nachdem
es jahrzehntelang nichts zu berichten gab, seit Karl Schwan-
zer zu den Olympischen Spielen in München für BMW ein
Ensemble aus ›Vierzylinder‹-Hochhaus und Museums-
Spirale gebaut hatte, das sogar als Kulisse in einem Science-
Fiction-Film auftauchte, haben die Autofirmen nun wieder
die Architektur für sich entdeckt. BMW baut mit Zaha
Hadid in Leipzig und Coop Himmelb(l)au in München,
Mercedes-Benz mit Ben van Berkels UN Studio in Stuttgart-
Untertürkheim.
Den Anfang machte der Volkswagen-Konzern, dessen
von Gunter Henn geplante ›Autostadt‹ in Wolfsburg parallel
zur Expo 2000 eröffnet wurde. Der Architekt Henn, bis dahin
mit seinen Produktions- und Forschungsgebäuden nur einem
Insiderkreis bekannt, füllte plötzlich mit der ›Autostadt‹ die
Spalten der Feuilletons. Denn er und sein persönlicher
Auftraggeber Ferdinand Piëch hatten eine Vision – was in der
Architektur, zumal in Deutschland, selten vorkommt – und
stießen mit der Behauptung, die ›Autostadt‹ sei eine säku-
larisierte Pilgerstätte, auf ein breites Echo. Ob die Besucher
Wolfsburg nun beseelt oder gar verwandelt verlassen, ist
schwer zu sagen, fest steht aber, dass ein Drittel anreist,
um einen Neuwagen abzuholen. Im Vorfeld wird ihnen noch
einmal sehr unterhaltsam nahegebracht, warum es richtig ist,
die vielleicht etwas teureren Modelle der Volkswagen-Familie
zu fahren.
In Dresden, wo im Frühjahr mit der Produktion des
Oberklasse-Automobils Phaeton begonnen wurde, sind Henn
und Volkswagen einen Schritt weiter gegangen. Während
in Wolfsburg die Fahrzeuge zwar in gläsernen Türmen bereit-
gehalten, aber nur zum Teil dort produziert werden, kann der
Kunde in der Gläsernen Manufaktur mit dabei sein, ja sogar
auf Wunsch selbst Hand anlegen, wenn sein Wagen montiert
wird. Das Glas ist hier nicht nur ein Material, sondern auch
eine Metapher. Denn VW kann der Sprung in die S-Klasse
nach eigener Aussage nur gelingen, wenn der Kunde
Vertrauen schöpft, weil ihm kein Handgriff verborgen bleibt –
daher das Glas – und hier wirklich von Hand – lat. manus –
gearbeitet wird, was Exklusivität und Sorgfalt verspricht.
Dafür spricht auch die Wahl des Produktionsstandorts Dresden: Er dient dazu, den Phaeton mit einer Atmosphäre zu
umgeben, die für Tradition und Qualitätsbewusstsein steht,
da Dresden – trotz Bombenkriegs und Prager Straße – weiterhin zuallererst mit der Semperoper, dem Zwinger und den
Elbterrassen assoziiert wird.

Die weiß gekleideten Arbeiter bauen das Auto, dessen
Karosserie bereits fertig lackiert in Dresden eintrifft, zwar
von Hand zusammen, das Gebäude selbst aber hat mit
einer Manufaktur soviel gemein wie der im Inneren aus-
gestellte Horch von 1936 mit dem Phaeton. Wie der Fahrer
beim Phaeton nur noch lenken und Gas geben muss,
während die bis zu 70 Bordrechner den Wagen sicher
auf der Straße halten, können sich auch die Arbeiter voll
auf ihre Handgriffe konzentrieren. Den Rest erledigt ein
ausgeklügeltes Logistiksystem, das die zum Einbau
bestimmten Teile vollautomatisch anliefert. Wohl zum ersten
Mal ist eine Fabrik wie eine riesige Maschine um die
wenigen noch verbliebenen Menschen herum geplant
worden.
Das Gebäude besteht aus zwei Bereichen, die von
den Architekten als analog und digital bezeichnet werden.
Der digitale Bereich enthält die Produktion und das Lager,
angeordnet in einem L-förmigen Baukörper. Obwohl die
Fahrzeuge im Inneren per Schuppenband und Gehänge ver-
schlungene Wege zurücklegen, ist dieser Teil strikt rechtwink-
lig organisiert. Trotz der Produktion hat man den Eindruck, in
aufgeräumten, fast leeren Hallen zu stehen. Die Decken sind
weiß, die Konstruktion ist grau, der Boden dort, wo die Autos
nicht mit eigenem Antrieb fahren, mit hellem Parkett belegt.
Im Gegensatz zur klassischen High-Tech-Architektur wird
die Gebäudetechnik nicht zelebriert, sondern integriert.
Sie verschwindet zu großen Teilen im Boden, der so zu einer
multifunktionalen Benutzeroberfläche wird, auf der strengste
Ordnung herrscht. Kein einziges Kabel durchdringt die
makellose Parkettfläche, weil der Strom ›unsichtbar‹ von
Induktionsschleifen übertragen wird. Selbst das Fließband
ist mit Parkett belegt und daher kaum wahrzunehmen. Wo
doch einmal eine größere Maschine zum Einsatz kommt, wie
etwa bei der ›Hochzeit‹, dem Verschrauben von Fahrwerk
und Karosserie, ist sie unter einer Bodenplatte verborgen,
die immer nur dann aufgeklappt wird, wenn die Maschine in
Benutzung ist.
Der analoge Teil der Gläsernen Manufaktur ist dem Park
und den Besuchern zugewandt. Die minimalistische Ratio-
nalität des Produktionsbereichs schlägt auf dieser Seite in ein
freies, etwas gequält modisches Spiel mit freien Formen um.
Es gibt einen freischwebenden Büroflügel, der an einen
aufgebockten Rimowa-Koffer erinnert, eine an Rem Koolhaas'
Tanztheater angelehnte Kaffeefilter-Form für den VIP-Bereich
und im Inneren eine Infotainment-Kugel sowie einige spiegel-
eiförmige Emporen, die das hauseigene Luxusrestaurant

Architekten	**Architects**	Henn Architekten Ingenieure, München, Berlin; www.henn.com
		Gunter Henn, Joachim Bath, Christian Bechtle, Igor Grozdanic, Team: Marc Ulrich,
		Henry Pudewill, Falk Flade & Thomas Birk, Karin Hartmann, Götz Hinrichsen, Urs Klipfel,
		Regine Lührs, Georg Pichler, Oliver Wrunsch
Bauherr	**Client**	Volkswagen AG, Wolfsburg
Tragwerk	**Structural**	Leonhardt, Andrä und Partner, Berlin
HL-Technik	**Technical**	Heinze, Stockfisch, Grabis und Partner, Hamburg
Marketing und Inszenierung	**Marketing and Scenography**	Volkswagen AG, K-VMM 6; B.R.C.-Imagination Arts, Wolfsburg/Los Angeles
Ausführung	**Construction**	2001
Standort	**Location**	Lenné-Straße 1, Dresden

beschirmen. Obwohl in Ausführung und Details von hohem Niveau, entsteht doch der Eindruck, als habe hier eine Tuning-Firma noch ein paar Spoiler angeklebt. Die Wirkung des Gesamt-Ensembles wird dadurch nicht besser. Es scheint, als hätten Henn und VW versucht, der technologischen Eleganz der Produktion ein ›menschliches Antlitz‹ zu geben, um die gewaltigen Dimensionen der übrigen Fassaden ein wenig zu mindern. Diese ›interessanten‹ Formen sollen wahrscheinlich auf das neugierig machen, was das Haus außer der Produktion zu bieten hat, und Besucher an-

locken, die nicht zum Kreis der Käufer zählen. Ihnen wird auf den beiden ersten Ebenen ein tägliches Unterhaltungsprogramm mit Fahrsimulator und Multimedia geboten, wohingegen das Privileg, von den Podesten und Treppen einen unverstellten Blick auf die Produktion zu werfen, ausschließlich den Kunden vorbehalten ist. Trotz aller Transparenz wurde also beachtet, dass die ›feinen Unterschiede‹ nicht verwischt werden: Selbst im Glashaus bekommen nur wenige etwas mehr, die meisten aber etwas weniger zu sehen.

Oliver Elser

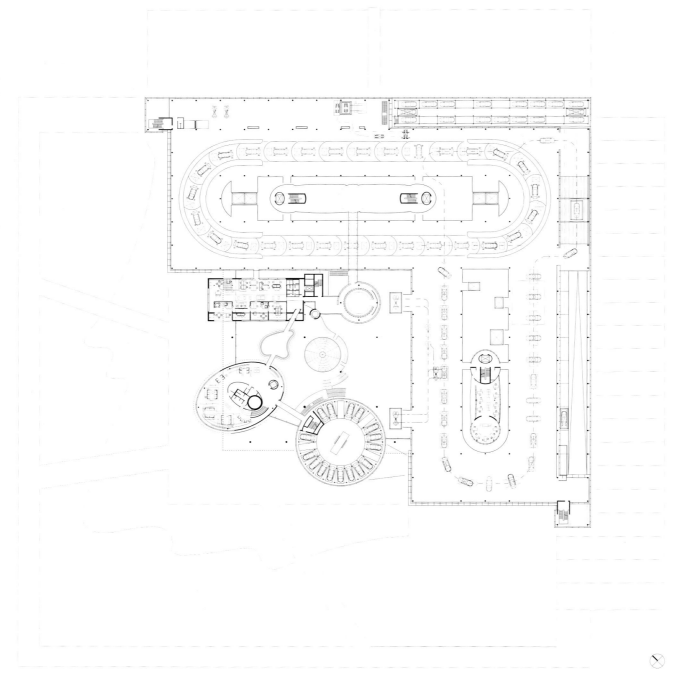

Grundriss 1. Obergeschoss **First floor plan**

Blick von Westen, Besuchereingang   **View from West, visitor´s entrance**

A very special event indeed marks Volkswagen's foray into the automobile S-Class. Hot on the heels of the virtual authenticity represented by the car-maker's *Autostadt* at Wolfsburg HQ comes the new *Gläserne Manufaktur* (Transparent Manufacture) at Dresden. Not only can customers collect their cars here — they can actually witness the car being assembled in the glass production halls.

Dresden, home to the famous *Semperoper* and the *Zwinger* gallery of paintings, is a location customers can readily associate with luxury and comfort, where they can expect the same smooth service from a car manufacturer as they can from their exclusive hotel. How much better still it would be if you could see right through the panes of the *Semperoper*. The factory, however, is situated on the edge of a park, and its glass facade reflects re-vamped prefabricated housing. The car body arrives fully painted in Dresden, where the rest is then assembled by hand by white-clad factory workers in a building that has little in common with a conventional factory. It is probably unique in using no robots, since the building itself has been organized to function like a huge machine.

The *Gläserne Manufaktur* marks a new stage in high-tech architecture, whose aim is to integrate the components rather than exposing them. So it is strange that the visitor is met at the entrance by two building volumes which, in comparison to the production hall, seem somewhat arbitrary in their design—as though a tuning company had just added a couple of spoilers. The intention is clearly to attract other visitors apart from buyers. On the first two levels, they are presented with a daily entertainment programme that includes a drive simulator and 3-D cinema. Only buyers are granted the privilege of viewing the actual production process from a number of raised vantage points. In spite of all the transparency, great care has been taken to ensure that the "fine line" between these two groups of visitors is not blurred. The few see more, while the majority sees less. Even in the glass house, some are more equal than others.

Oliver Elser

Produktion **Production**

Restaurant **Restaurant**

Blick in den Besucherbereich
View into the visitors area

Leibniz-Kolonnaden, Berlin
Architekten Kollhoff und Timmermann

Aus Berlin ist von einer bemerkenswerten Stadtreparatur zu berichten, welche die Bezeichnung ›Operation am offenen Block‹ verdient. Die Flanken eines langgestreckten Blocks in Charlottenburg waren unbebaut geblieben. Zwischen großbürgerlichen Mietshäusern lag, zwischen Leibniz- und Wielandstraße, ein von Brandwänden und Hintergebäuden gesäumter breiter Streifen Niemandsland mit parkenden Autos. Der Stadtbezirk einigte sich 1995 mit einer Investorengruppe auf eine Nutzungsmischung, für die Hans Kollhoff den Plan entwarf: je zur Hälfte Gewerbe und Wohnen, die Autos in die Tiefe verbannt und alles in angemessener Verdichtung, liegt doch der Kurfürstendamm nur wenige Meter entfernt.

Hans Kollhoff entschied sich für eine breite Schneise mit Randbebauung, so dass aus einem großen Block zwei kleinere entstanden. Die offenen Blockränder wurden durch zwei gegeneinander gespiegelte u-förmige Zeilen verbunden, die jeweils einen zusammenhängenden grünen Innenhof umschließen. Bauteile von unterschiedlicher Geschosshöhe – mit sieben Etagen (Büros) und acht Etagen (Eigentumswohnungen) – liegen unter derselben durchlaufenden Attika, die den Bau in Form einer stilisierten Balustrade bekrönt. Zwischen den identischen Baufronten blieb ein 108 x 32 Meter weiter öffentlicher Platz übrig, der schon auf den ersten Blick an regelmäßige urbanistische Raumtypen aus der Geschichte erinnert: Covent Garden, Rue de Rivoli, Weinbrenners Arkadenprojekt für Karlsruhe, monumentale italienische Stadtplätze der dreißiger Jahre.

Den Platz säumen zwei doppelgeschossige Kolonnaden aus jeweils 28 tragenden Säulen mit dezenter Schwellung aus poliertem Betonwerkstein, die Wetterschutz für Läden und Lokale bieten. Torwege erlauben Durchblicke in zwei grüne Höfe; unauffällige Hauseingänge zwischen den Läden führen durch Foyers zu den fünf Wohn- und acht Geschäftshäusern, die hinter der gemeinsamen Front zusammengefasst worden sind. Leicht variierte Fensterformate machen die einzelnen Bauteile unterscheidbar. In den Foyers rufen Marmorböden, Spiegel und Holztäfelung sowie gediegene Lifte die Behaglichkeit bourgeoiser Rendite-Mietshäuser um 1900 in Erinnerung. Aber wie damals halten die verputzten Treppenhäuser nicht, was der prächtige Eingang verspricht.

Die Bewohner an diesem Platz leben – wie an einer spanischen Plaza Mayor – in Logen über dem urbanen Theater. Jedes der hochformatigen Fenster ist zugleich Außentür mit italienischem Balkon. Mit gegeneinander versetzten rauen Granitplatten belegt, ist der autofreie Platz bewusst leer gehalten worden bis auf minimalistische Vertikalen, die sich

dem Zerfließen des Raums an den offenen Seiten entgegenstellen: im Osten ein einziger Baum und im Westen ein aus versenkten Düsen gespeister Brunnen, der unterhaltsame Fontänenfiguren versprüht. Bei gutem Wetter floriert die Terrassengastronomie, Tische und Stühle breiten sich aus. Nach der Schule nehmen Kinder aus der Nachbarschaft den Brunnen in Besitz, denn es ist das einzige offene Planschbad im Stadtteil.

Eine dem Palastbau verwandte architecture parlante aus italienischem Sandstein bedeckt die Stahlbetonkonstruktion. Im Breitenmaß identische Fensterachsen, die das für Wohnungen und Büros gleiche Konstruktionsraster abbilden, sorgen für eine rhythmisierte Front von beträchtlicher Ausdehnung und Wucht. Eine Textur aus senkrechten Lisenen, die sich mit waagrechten Sohlbänken und Konsolen überkreuzen, bezeichnet nicht nur die Lage der Raumzellen, Stützen und Geschossdecken. Sie bildet ein eigens entwickeltes Oberflächenrelief in drei Schichten, das gegenüber den üblichen hinterlüfteten ›Steintapeten‹ den Vorteil bietet, dass störende Fugen durch Überdeckung vermieden werden. Unverständlich bleibt, warum für alle Oberflächen – Fassaden und Platz – tiefgraue Steinsorten gewählt wurden, die bei norddeutsch bedecktem Himmel für entsprechend bleierne Stimmung sorgen. Zwar gibt es vor jedem Fenster außen montierte Markisen, die in ausgefahrener Schräglage weiße Segel in das Grau mischen, aber dies auch nur bei sommerlicher Sonne.

Man muss nicht weit gehen, um Vorbildern auf die Spur zu kommen. Das schon bei früheren Bauten Kollhoffs auftretende Spiel mit flächig geschichteten Lisenen-Wänden (Malchower Weg, Potsdamer Platz, Friedrichstraße) gibt es erstmals im Berliner Wohnbau um 1800, als mit der Revolutionsarchitektur die einfachen Volumen und Flächen aufkamen. Man erinnert sich auch an die Geschlossenheit Berliner Blockfronten der Gründerzeit, mit Reihungen beinahe identischer Haustypen und Fassaden, die sich nur unwesentlich voneinander unterscheiden.

Eine Überraschung bietet das flache Dach über der Südzeile, wo sich Kollhoff den Scherz erlaubt hat, einen Topos aus dem Werk Le Corbusiers nachzubilden. Wie früher einmal oben auf der legendären Unité d'Habitation in Marseille, dient hier das Dach als Sonnenterrasse für die im Geschoss darunter angesiedelte Kindertagesstätte. Die Sicherheit der Kinder gewährleistet eine von unten verdeckte dreifache Barriere aus Attikabrüstung, Zaun und Hecke.

Kollhoffs Leibniz-Kolonnaden sind wie alle seine neueren Bauten eine gebaute Lektion, die behauptet, dass die Qualitäten der traditionellen Stadt mit den Mitteln der Moderne

Architekten	Architects	Prof. Hans Kollhoff, Architekten Kollhoff und Timmermann; www.kollhoff.de; Barbara Tyrra
Bauherr	Client	Grundbesitz Investitionsgesellschaft Leibniz Kolonnaden mbH & Co. KG, Berlin
Tragwerk	Structural	Hildebrandt + Sieber GmbH, Berlin
HL-Technik	Technical	Ingenieurbüro für Gebäudetechnik, Berlin
Wettbewerb	Competition	1994
Ausführung	Construction	1996 – 2001
Standort	Location	Walter-Benjamin-Platz, Berlin

nicht zu halten und zu reproduzieren seien. Erprobte Typologien – auf der Ebene der Bautypen, der Oberflächen und des Außenraums – werden aufgeboten und entwickelt, Großform und Monumentalität werden nicht gemieden. Entstanden ist ein funktionierender Stadtplatz mit wohlüberlegten Fassaden. Die schiere Dimension des Projekts und die zum Stadtraum

offene, ansonsten hermetisch geschlossene Großform strapazieren allerdings den Maßstab des Quartiers. Den einzigen Dialog, der hier stattfindet, führen die Zwillingsbauten untereinander. Den Platz durchweht Stadtbaugeschichte, nicht aber der Geruch der Nachbarschaft und schon gar nicht der Atem der Moderne. *Wolfgang Voigt*

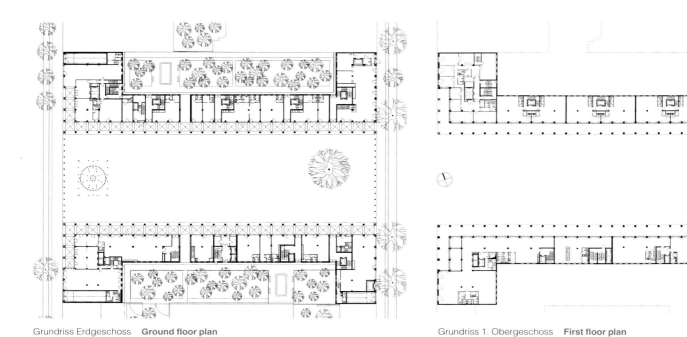

Grundriss Erdgeschoss **Ground floor plan**

Grundriss 1. Obergeschoss **First floor plan**

Ansicht Walter-Benjamin-Platz, Nordflügel **Elevation Walter-Benjamin-Platz, north wing**

On the undeveloped flanks of a block near Berlin's Kurfürstendamm, architect Hans Kollhoff designed a broad block-edge
development that created two smaller blocks instead of one
small one. The open edges of the blocks were closed by two
u-shaped formations facing one another. Between the identical
fronts, an open square was created recalling historic urban
typologies. It is fringed by two-tiered collonades sheltering
shops and cafes. The people who live here have a grandstand
view of the urban theatre, reminiscent of a Spanish-style *Plaza
Mayor*. In this more or less empty pedestrian-only space with
its rough granite paving, the only ornamentation is a fountain
fed by submerged water jets.

The reinforced concrete shell is clad in an *architecture
parlante* based on palatial architecture. Unfortunately, the dark
grey sandstone seems rather depressive under the typically
overcast Northern German skies. The facades are structured
by a texture featuring pilaster strips crossed by corbels and
sills that render legible the position of the rooms, columns and
ceilings. The result is a distinctive surface relief in three layers.
Earlier buildings by Kollhoff also make use of layered pilaster
strips, a feature of Berlin residential architecture since around
1800, when revolutionary architecture introduced simple volumes and planes.

Kollhoff's solution is a lesson in building that teaches that
the qualities of the traditional city cannot by maintained and
reproduced by modern means alone. Tried and tested typologies are presented and developed, without shying away from
the large-scale or the monumental. A functioning urban square
has been created here with carefully considered facade designs. The hermetically closed large-scale form does, however,
push the prevailing scale to its limits. The square reflects
historical urban planning, but it does not echo of the neighbourhood, nor is it redolent of the Moderne.   *Wolfgang Voigt*

Foyer   **Foyer**

Detail der Kolonnade   **detail of collonnade**

Ansicht Leibnizstraße, Westen   **Elevation Leibnitzstraße, west**

Stadthaus, Ostfildern
J. MAYER H. Architekten

Manchmal verbergen Namen eher, was sie zu bezeichnen vorgeben. Stadthaus Scharnhauser Park ist ein solches Nominalmysterium. Denn das Stadthaus ist ein Rathaus und der Scharnhauser Park seine Stadt. Wo vor zehn Jahren noch eine amerikanische Militärkaserne stand, entsteht langsam eine neue Stadt für 10 000 Menschen – eine dichte Mischung aus verschiedenen Wohnhaustypen, die in ein Netz aus grünen Achsen und kleinen Plätzen eingesetzt sind. Als wirklich urban kann man das Treiben auf den Straßen dieses städtischen Wohnparks nicht bezeichnen. Doch liegt das auch an der Entscheidung der Stadtväter, einen Großteil der öffentlichen Funktionen zentral im Rathaus unterzubringen, das eben dadurch zum Stadthaus wurde. Hierhin gehen die Bürger der jungen Kommune nicht nur, um sich polizeilich anzumelden oder vor der Standesbeamtin zu präsentieren. Hier finden sie unter einem Dach vereint auch die verschiedensten Orte des öffentlichen Lebens, die sich in gewachsenen Städten normalerweise über die ganze Stadt verteilen: Stadtbibliothek, Musikschule, Städtische Galerie. Hier kann man nachmittags den örtlichen Chor beim Proben hören, während nebenan im Bewegungsraum schwäbische Aikido-Kämpfer schwitzen, Erwachsene in der Sprachenwerkstatt Vokabeln lernen und Jugendliche im Medienraum kostenlos um die Welt surfen.

Das Stadthaus ist ein Stück Stadt in einem einzigen Haus. Es ist gänzlich mit Öffentlichkeit gefüllt – was man ihm von außen jedoch kaum ansieht. Seine von langen Bandfenstern gegliederten Fassaden erlauben kaum Einblicke. Im Gegensatz zu der in der Stuttgarter Architektur gern gepflegten Transparenz übersetzt der Berliner Architekt J. Mayer H. die Öffentlichkeit des Gebäudes nicht mit der visuellen Offenlegung seines Innenlebens. Stattdessen umhüllt er es mit einem metallenen Vorhang, der auf Eingangshöhe in lichtem Cremeton leuchtet und sich himmelwärts in immer erdigere Brauntöne verdunkelt. Ein verführerisches Verbergen, das dem Außenstehenden von vornherein die Position des Voyeurs verwehrt. Statt Öffentlichkeit anschauen zu können, muss er sich in sie hineinbegeben und wird so unmerklich zu ihrem Teilhaber. Dieser öffentliche Shareholder Value wird im Inneren des Gebäudes durch eine komplexe Raumorganisation gesteigert, die all seine Funktionen zu einem kontinuierlichen Ereignis-Cluster verbindet. So sind die Lobby und die Stadtbibliothek im Erdgeschoss über Durchblicke und Treppen mit der tiefer gelegenen Kunstgalerie zu einem Raumkomplex verschränkt, der vom vertikalen Treppenhaus aufgenommen wird, um sich von hier aus im gesamten Gebäude zu verteilen. Jede Etage entdeckt die Tiefe des Raums mit immer neuen Grundrissfiguren. Doch kehren alle Wege immer wieder zum Treppenhaus zurück, dessen lichtdurchströmte Leere als zentraler Orientierungspunkt funktioniert. Damit löst sich die homogene Außenform des Gebäudes im Inneren zu einer Landschaft von übereinander gestellten Volumen auf, die im Zusammenspiel mit ihren korrespondierenden Negativräumen die paradoxe Raumerfahrung eines Stadtraumes auf mehreren Ebenen erzeugen. Das Gebäude selbst evoziert also genau jene Urbanität, die seinem Kontext (noch) fehlt – und das nicht nur dank seiner dichten Besetzung mit öffentlichen Funktionen, sondern ganz wesentlich auch durch die Bewegungsflüsse, die den Raum zum Pulsieren bringen. Dieses urbane Tuning der Architektur setzt sich fort in einer Lichtregie, die im Treppenhaus mit seinen gleißend illuminierten Stufen, Handläufen und Treppenunterseiten die verfremdete Anmutung einer Straßenbeleuchtung hervorruft. Kündigt sich der Außenraum hier erst noch atmosphärisch an, so artikuliert er sich ab dem dritten Geschoss als realer Bestandteil der Kubatur. Die Terrasse neben dem Festsaal schneidet die Nord-Ost-Ecke des Gebäudes auf und eröffnet eine Sequenz von inkorporierten Freilufträumen, die sich über zwei Geschosse erstreckt und auf dem Dach des Gebäudes kulminiert. Öffentlich zugänglich wie das ganze Gebäude, eröffnet dieses Plateau den Blick auf die Stadt, die eigentlich noch gar nicht existiert.

Um die vorübergehende Ereignisleere zu überbrücken, hat Mayer H. sein Gebäude mit einer Reihe öffentlichkeitswirksamer Attraktionen ausgestattet. Eine davon ist die Wassertropfeninstallation, die in der Lichtdecke des acht Meter weit auskragenden Vordachs untergebracht ist. Vom Gebäude gesammeltes Regenwasser fällt durch eine Vielzahl von Düsen computergesteuert in ein Auffangbecken am Boden. Diese flüssige Vorhangfassade unterstreicht den Wechsel des räumlichen Aggregatzustands, der sich hier ereignet: Man betritt nicht einfach nur ein Haus, sondern eine Art ›interior city‹, die sich zur ›instant city‹ Scharnhauser Park wie ein Haus im Haus verhält. Das Lichtstelenfeld vor dem Stadthaus funktioniert seinerseits wie ein Trailer zur Architektur, es kündigt sie an und wirbt um Aufmerksamkeit. Doch am allermeisten sorgt das Gebäude selbst dafür, als Blickfang zu fungieren. Die Neigung seiner Kubatur um fünf Grad, die im Inneren um 90 Grad verdreht wiederkehrt, markiert die innere Distanz des Gebäudes zu seinem Kontext, aus dem es weniger entstanden als vielmehr an ihm niedergekommen zu sein scheint. Die Öffentlichkeit aber wird das ihrige tun, beide miteinander zu verweben.

Andreas Ruby

Architekten	Architects	J. MAYER H. Architekten, Berlin; www.jmayerh.de; Team: Andre Santer, Sebastian Finckh
Kontaktarchitekten	Co-Architect	Architekturbüro Ulrich Wiesler, Stuttgart
Bauherr	Client	Stadt Ostfildern, Technisches Rathaus
Tragwerk	Structural	Müller + Müller, Beratende Ingenieure, Ostfildern
HL-Technik	Technical	Ingenieurgesellschaft für Haustechnik Wetzstein, Herrenberg
Wettbewerb	Competition	1998
Ausführung	Construction	02/2000 – 12/2001
Standort	Location	Scharnhauser Park, Ostfildern

The Stadthaus Scharnhauser Park is no ordinary city hall. It is more than just a place where the citizens of this young community can go to register their residence or their marriage. Instead, it provides a forum for many aspects of public life normally scattered throughout a town: municipal library, music school, gallery, education centre and a municipal internet portal.

The Stadthaus (literally City House) is a piece of city within a house. Here we find a broad spectrum of urban facilities, barely discernible from the outside. Instead of rendering the interior functions of the building legible on the facades, the architect J. Mayer H. has clad the building in a metal curtain. Such seductive concealment brooks no voyeurism. In order to "observe" public life, one has to enter it and participate. A complex interior layout links the various functions of the building to create a constant cluster of events. The lobby and the municipal library on the ground floor dovetail with the lower-level art gallery, creating a spatial complex that is bundled by the vertical stairwell and distributed throughout the building. Each level handles space differently, with a variety of floor plans, yet everything leads back to the stairwell.

Inside the building, the homogeneity of the exterior is fragmented into a landscape of superimposed volumes that interact with their respective negative spaces to generate a paradoxical sense of urban space on several levels. In other words, the building itself evokes precisely that sense of urban life that is, as yet, still missing in its surrounding context. The urban tuning of the architecture continues in the lighting, which, in the stairwell, evokes street-lighting. This atmospheric association with the outdoor world is heightened on the upper levels by a sequence of incorporated open-air spaces on two floors that end on the rooftop. Like the rest of the building, this is open to the public, providing a view of a city that does not really exist yet.

Andreas Ruby

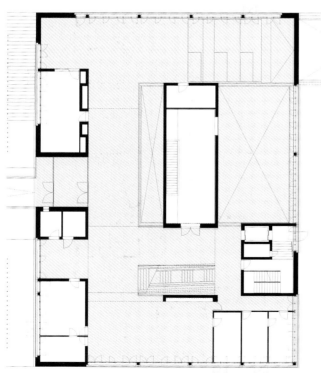

Grundriss Erdgeschoss **Ground floor plan**

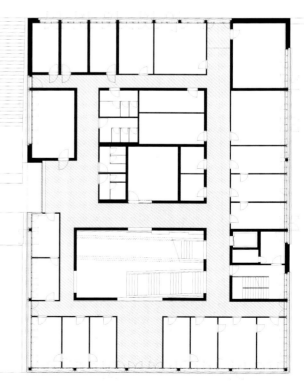

Grundriss 1. Obergeschoss **First floor plan**

Ansicht von Nordost **View from north-east**

Grundriss 2. Obergeschoss **Second floor plan**

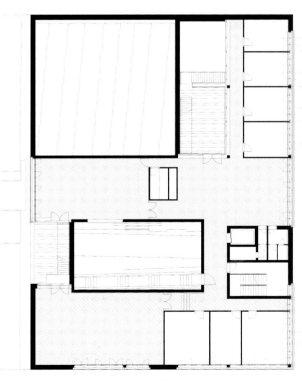

Grundriss 3. Obergeschoss **Third floor plan**

Festsaal   **Banquet hall**

Detail, Tür **Detail of door**

Detail, Fenster **Detail of window**

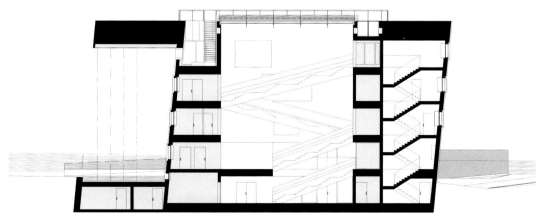

Schnitt **Section**

Treppe in Städtischer Galerie
Staircase in Municipal Gallery

Experimentelle Fabrik, Magdeburg
sauerbruch hutton architekten

Eine Zukunftsperspektive sieht das ehemals vom Schwer-maschinenbau geprägte Magdeburg als Standort avancierter angewandter Wissenschaften. Am südöstlichen Rand des Universitätsgeländes entlang der Sandtorstraße haben sich schon die Fraunhofer- und Max-Planck-Gesellschaft mit Insti-tuten angesiedelt. Auch die Fakultät für Verfahrenstechnik soll dort einen Neubau erhalten. Mit der Eröffnung der Experi-mentellen Fabrik fand die Wissenschaftsmeile Magdeburg im vergangenen Jahr ihren vorläufigen Abschluss. Die Ein-richtung soll das Potenzial der Magdeburger Technik-Studi-engänge mit Prozess- und Fertigungsverfahren zusammen-führen. Sie ist Beratungsstelle, Demonstrations- und Erprobungswerkstatt für neue technische Verfahren. Gleich-zeitig ist sie Standort für Universitätsinstitute und Unter-nehmensneugründungen, die aus der wissenschaftlichen Projektarbeit entstanden sind.

Zur Wahl des Berlin / Londoner Architekturbüros von Matthias Sauerbruch und Louisa Hutton trug bei, dass es mit dem Photonikzentrum in Berlin-Adlershof bereits ein veritables Stück Forschungsarchitektur entworfen hat. Die unverkennbare Zuneigung des Büros zu großformatiger Farb-flächenmalerei kam dem Bauherrn dabei nicht ungelegen. Gerade weil die Experimentelle Fabrik an der Grenze zwi-schen Forschung und industrieller Anwendung operiert, eine Zwischenwelt aus dem Mikrokosmos Universität und dem Makrokosmos Ökonomie besetzt, war eine Zeichenhaftigkeit der Architektur vom Bauherrn durchaus gewollt.

Sowohl die Ostfassade als auch die Dachhaut des Gebäudes werden aus einem sanft alle Höhendifferenzen umschwingenden Hüllenkontinuum gebildet. Schon allein die Lackierung dieser Hülle mit breiten rosa, orangefarbenen und silbergrauen Streifen reicht aus, um die Experimentelle Fabrik als ein Gebäude von hohem öffentlichen Interesse zu präsen-tieren. Das Motiv der Umhüllung ist aber nicht allein ästhe-tisch motiviert. Da die Sandtorstraße eine vierspurige Haupt-verkehrsachse ist, war eine akustische Dämmung notwendig. In dieser Hinsicht fungiert die Hülle als schützende Schicht. Ihre visuelle Prägnanz macht die Straßenfront zur eigentli-chen Schauseite der Experimentellen Fabrik. In einer Gegen-bewegung ist der Baukörper gleichzeitig von der Straßen-situation abgewandt, indem die fünfstöckige Fassade in einem Winkel von 17 Grad aus der Senkrechten kippt und auf das dahinterliegende Universitätsareal verweist. Von dort erfolgt die Erschließung für Mitarbeiter und Andienung.

Der schützende Charakter der Fassade wird durch die Plastizität der scharf eingeschnittenen, tiefen Fensterkästen unterstrichen. Im Bereich der Arbeitsräume wurden die

Kästen mit zusätzlich vorgesetzten Glasscheiben zur akusti-schen Dämmung ausgestattet. Eine optische Spannung in der Horizontalen entsteht durch den Wechsel zu einem kleineren Kastenformat im Bereich der Sanitärzellen. Gleich-zeitig nimmt die Fensterhöhe geschossweise – entsprechend der aus funktionalen Gründen veränderten Raumhöhe – ab. Dadurch entsteht eine optische Überhöhung des Bau-körpers. Die Nord- und Süd- sowie die als schmales Band gestaltete Westseite des Gebäudes bestehen aus ebenen Glasfassaden, die mit einem negativen großen Punktraster bedruckt sind, das der transluzenten Verschattung dient. Im Süden bietet die weit auskragende Dachhaut einen zusätz-lichen Sonnenschutz.

Die Organisation der heterogenen Funktionsbereiche erfolgt in einer horizontalen und vertikalen Schichtung der Raumvolumina. Entlang der Straße sind in den beiden un-teren Geschossen die Laborräume untergebracht. Parallel dazu liegt das Foyer mit Galerie. Es ist Haupterschließungs-achse, Übergangsbereich von den Labors zu der angrenzen-den Werkhalle und eine variabel zu nutzende Ausstellungs-fläche. Der Zugang zu den vier Laborräumen erfolgt über Schleusenräume, die sägezahnartig versetzt zu der Achse des Foyers angeordnet sind. Die sich daraus ergebende vertikale Wellenlinie wird in der Galerie im ersten Stock aufgenommen. Das verleiht dem ansonsten linearen Profil des Foyers Plastizität, gleichzeitig bilden die Vorsprünge der Galerie einen differenzierten Aufenthaltsbereich. In den drei Etagen oberhalb der Labors und des Foyers befinden sich die Büroflächen, achsweise können sie dem Flächenbedarf der Nutzer angepasst werden. An der westlichen Längsfront des Foyers liegen die mit einer Kranbahn ausgestattete Werkhalle und ein Multimedia-kabinett. Daran schließen der hohe Testraum für elektromagnetische Verträglichkeitsprü-fung sowie die Büros der Betreibergesellschaft an.

Die unterschiedlichen Funktionen bilden sich zwar in der Höhenentwicklung des Gebäudes ab, aber keine der Nutzun-gen hat einen eigenen prägnanten Ausdruck in der Anlage. Die Experimentelle Fabrik ist von außen skulpturaler Körper und Farbobjekt, aber keine Inszenierung von technischem Potenzial. Das gilt auch für die Innengestaltung. Lediglich im Erschließungsbereich zu den Mediaräumen ermöglicht eine großflächige Verglasung einen Panoramablick auf die Werkhalle, den Produktionskern der Fabrik.

Reichlich unvermittelt erfolgt der Zugang zur Experi-mentellen Fabrik über eine nahezu unmerkliche Kerbe in der gläsernen Nordfassade. Die Erschließung sucht einen Bezug zum dort gelegenen Fraunhofer-Institut. Eine entsprechende

Architekten	Architects	sauerbruch hutton architekten, London/Berlin; www.sauerbruchhutton.de
		Matthias Sauerbruch, Louisa Hutton, Team: Andrew Kiel & Marcus Hsu, Philip Engelbrecht, Barbara Suter, Mehmet Dogu, Bettina Pinks
Bauherr	Client	Zentrum für Produkt-, Verfahrens- und Prozessinnovations GmbH, Magdeburg
Tragwerk	Structural	Bautra, Magdeburg
HL-Technik	Technical	Canzler Ingenieure, Leipzig
Ausführung	Construction	2000–2001
Standort	Location	Otto-von-Guericke Universität, Sandtorstraße 33, Magdeburg

Foyer-Passage **Foyer-passage**

Ergänzung wird im Süden folgen, wo das Fakultätsgebäude
für Verfahrenstechnik entstehen soll. Diese Verbindungsfunk-
tion macht die Empfangshalle im Grunde zu einer Passage.
Flaneure der angewandten Wissenschaften dürften sich
jedoch in der mit Zugangskontrollen versehenen Welt der
Fabrik recht selten aufhalten.

Im Gegensatz zu den Büro- und Technikräumen, die auf
Farbe verzichten, ist die Foyer-Passage durch eine intensive
Farbigkeit als das (halb)öffentliche Zentrum der Anlage
herausgehoben. Die Wand- und Deckenflächen sind in kräfti-
gen Rot-, Grün- und Orange-Gelbtönen gehalten. Das Spiel
der Farbe, nicht eine Materialeigenschaft, soll hier nobili-
tieren. Als Farbraum steht das Foyer in einem ästhetischen
Spannungsfeld von ›actual fact‹ und ›factual fact‹, sinnlicher
Wirkung und tatsächlichem Sachverhalt der Farbe, wie es
Josef Albers beschrieben hat. Es mag wesentlich an der Be-
lichtung der Foyer-Passage durch die einen hellen Schatten
erzeugenden Fassaden im Norden und Süden und dem von
der Werkhalle einsickernden Seitenlicht liegen – aber die
Farbe mag sich nicht so recht zur Aktion aufschwingen. So
bleibt es beim ›factual fact‹: Das Foyer ist ein bunter Raum.

Yorck Förster

Ansicht von Nordosten **View from north-east**

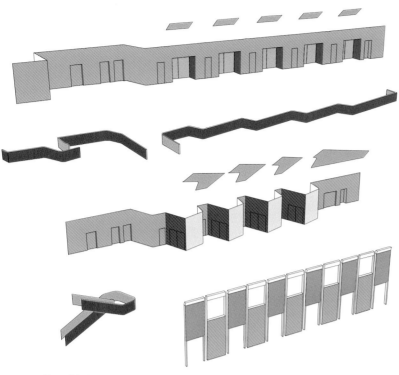

Foyer Rhythmen   **Foyer rhythms**

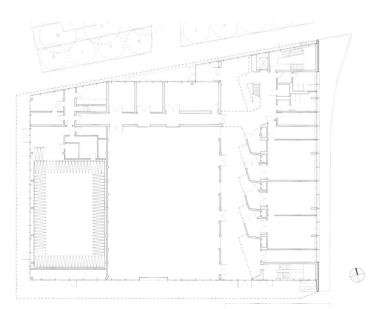

Grundriss Erdgeschoss   **Ground floor plan**

The Experimental Factory designed by the Berlin-based practice of Matthias Sauerbruch and Louisa Hutton is part of a campaign aimed at making Magdeburg a cutting-edge location in the scientific world.

The project is situated on the south-eastern edge of the university campus in the immediate vicinity of two existing research institutes. A four-lane thoroughfare runs alongside the site, making sound insulation a prime task. A continuous shell has been created as a protective layer for the street facade and roofing skin of the building. Varnished in broad swathes of pink, orange and silvery grey, the metal sheet shell is a highly distinctive feature in itself. The street front forms the main facade of the building, from which the actual structure is turned away at the same time. The five-storey facade tilts at a 17 degree angle towards the university grounds behind. That is also where the entrance for staff and service personnel are to be found.

The sheltering aspect of the street facade is underlined by the deeply incised window apertures. A sense of visual tension is generated by the alternation with a smaller aperture format in the area of the sanitary facilities. At the same time, the window height declines floor by floor—echoing the functionally determined difference in the respective ceiling heights. The three remaining sides of the building are smooth glazed facades. On the south side, the roofing skin cantilevers out to provide shading. On the side facing the street, laboratories are situated on the two lower floors, parallel to the foyer and gallery. This is the main infrastructure node and also doubles as an exhibition space. The offices are situated on the three floors above the laboratories and foyer.

The central area of the building houses the laboratory hall and the multi-media cabinet that is accessed from the gallery. Adjacent to this is the high-ceilinged test room for electromagnetic compatibility tests and the offices of the operating company.

Although the various different functions are reflected in the ceiling heights, no one individual aspect of use is specifically reflected in the overall look of the complex. Though the Experimental Factory is all sculptural volume and colour on the outside, it does not simply set a stage for technical potential.

The entrance is through an almost unnoticeable notch in the north facade. This solution also provides a link with the existing and projected institute buildings to the north and south.

In contrast to the non-coloured office and technical areas, the intensely colourful (semi-) public foyer with its walls and ceilings in strong hues of red, green and orange/yellow is emphatically the heart of the complex.   *Yorck Förster*

Ansicht von Nordost   **View from north-east**

Haus Knauthe, Berlin
Axel Schultes Architekten

Der Leipziger Platz in Berlin stand lange im Schatten des sensationsumwitterten Potsdamer Platzes. Solange die Schmetterlingsarchitektur der Info-Box ihre Spaghettibeine in den Boden stelzte, lag der sanfte Nebel des Architainments über der Szene. Erst jetzt werden die Konturen dieses urbanen Schatzraums wieder sichtbar.

Anders als der seit jeher nur als Verkehrskreuzung dienende Potsdamer Platz war der Leipziger Platz eine Schönheit. Er war das Portal zur Innenstadt und zur einstigen Machtzentrale Wilhelmstraße, das jeder durchschritt, der vom Potsdamer oder Anhalter Bahnhof kam. Neben dem Karree des Pariser Platzes und dem Rondell des heutigen Mehringplatzes gehörte das Oktogon des Leipziger Platzes zu den bedeutenden Platzfiguren der europäischen Stadtbaugeschichte. Die Bomben des Zweiten Weltkriegs und der Gestaltungseifer der Nachkriegsmoderne machten ihnen den Garaus. Im Schutz der Berliner Mauer überwinterten der Pariser und Leipziger Platz immerhin als archäologische Spuren im Sand. Nach deren Beseitigung waren noch alte Trottoirs zu erkennen; Buchstaben einer urbanen Grammatik, die es architektonisch wieder zu erlernen galt.

Im Ideenwettbewerb ›Potsdamer/Leipziger Platz‹ wurde 1991 die tradierte oktogonale Figur des Platzes festgelegt, allerdings mit höheren Wänden, als sie bislang in der von Architekten und Investoren heftig attackierten Berliner Bauordnung erlaubt waren. Sie dürfen nun bis zu einer Höhe von 35 Metern aufragen, wenn sie über der 22 Meter hohen Traufkante zurückgestaffelt werden. Anders als am Pariser Platz wurde für den Leipziger Platz keine offizielle Gestaltungssatzung erlassen, sondern nur informell die Urbanität verabredet. Fortan stand zur Überprüfung an, ob der Misston, der am Pariser Platz aus der Revolte gegen die Regel entstanden war, vermieden werden könne, und vielleicht sogar schönere Resultate zu erzielen wären als dort. Architektonisch bestand die Herausforderung aber auch am Leipziger Platz in der klugen Gestaltung von Fassaden, nicht in der Erfindung von Solitären und selbstgenügsamen Objekten.

Dieser Übung haben sich, neben dem missratenen Mosse-Palais, bislang drei Architekten unterzogen – ungewöhnlich souverän Jan Kleihues, eher gewöhnlich Walter Noebel am Bundesrat und neben diesem Axel Schultes. Rhetorisch versiert wie nur wenige kann Schultes es sich leisten, die Verkommenheit einer Moderne anzuprangern, die aus übersteigertem Individualismus die Harlekinade aus Künstlerhandschrift und Originalgenie inszeniert und dabei

die Städte zum ›Warenlager der Objekte‹ degradiert. Dagegen setzt er das von ihm Vermisste, das gelenkte Licht und die opulent gestaffelten Räume. Solches Schwärmen könnte man unbekümmert als Schöngeisterei und Schillerschen Idealismus zur Seite schieben, wenn Schultes nicht immer wieder den Beweis anträte, dass er gerade dort herausragend baut, wo die Urbanität des Raums die Regeln diktiert.

Elf Stockwerke ragt das Haus Knauthe an der südöstlichen Ecke des Platzes auf; oberhalb der Traufkante befinden sich Wohnungen, darunter sieben Geschosse Kanzleiräume. Der Grundriss scheint konventionell. Doch Kundige entdecken, dass Schultes und seine Partnerin Charlotte Frank ihn über der Geometrie des Kreises entworfen haben. Sie manifestiert sich im rückseitigen zweigeschossigen Pavillon als Rotunde. Das Hauptgebäude hingegen wird durch Kreissegmente und gestreckte Kreisbögen gegliedert, die im Entree und darin eingezirkelten Café sowie an den rückseitigen Balkonen vor den Wohnungen sichtbar werden. Vom Platz aus bemerkt man die interne Regie an den angeschnittenen Laibungen. Sie paradieren nicht stur zur Platzmitte, sondern öffnen sich den verschiedenen Perspektiven im Oktogon. Schultes favorisiert diese schon vom Kanzleramt bekannte Geometrie. Ein gewisser Manierismus ist unübersehbar. Philosophisch wäre er als das Problem der Hüllen ohne Kern, der sich ineinander schmiegenden Zwiebelschalen zu beschreiben – wie in Ibsens Peer Gynt: so viel Welt, so viel Erlebnis, und doch kein Ding an sich, das alles dies zusammenhält.

Aber nun die Fassade. Porschegrün und grau steht sie am Platz. Viel Spielraum meinen Architekten unter den vorgegebenen Bedingungen ja nicht zu haben; Stein und Raster, gut gereihte Löcher für Fenster. Wer an dieser Stelle Glas und Curtain Wall als Allheilmittel der Moderne einsetzen würde, hätte sofort verloren, denn Glas spiegelt nur. Schultes und Frank haben der Situation hingegen Außerordentliches abgewonnen. Schultes schuf eine Rasterfassade, ohne das Raster zu demonstrieren, eine Glasfassade ohne gläserne Wirkung, klassische Symmetrie ohne Risalit oder Lisenen. Die Zentralachse liegt wie ein stummer Akkord inmitten der Komposition, wie bei einem Vexierbild, mit dem wir als Kinder spielten. Schon ein kleiner Perspektivwechsel lässt ein anderes Bild entstehen. Mal scheint das Haus horizontal gegliedert, doch stehen die Kolumnen der Balkone und Fenster vertikal. Es gibt Erker, doch treten sie nicht aus der Fassade heraus. Mal glaubt man, eine Skelettfassade der sechziger Jahre zu sehen, dann wieder schiebt sich die

Architekten	Architects	Axel Schultes Architekten www.schultes-architekten.de; Axel Schultes, Charlotte Frank, Christoph Witt, Team: Andreas Schuldes & Stephan Bohne, Filiz Dogu, Claudia Kromrei, Klaus Reintjes
Bauherr	Client	Bauherrengemeinschaft Knauthe, Leipziger Platz
Tragwerk	Structural	Pichler Ingenieure GmbH, Berlin
HL-Technik	Technical	M. Sowinski, Ingenieurbüro für Versorgungstechnik, Berlin
Wettbewerb	Competition	04/1998
Ausführung	Construction	1999–2001
Standort	Location	Leipziger Platz 10, Berlin

geschlossene Wand nach vorn, mal meint man, es mit einer
Putzfassade zu tun zu haben, bis der Blick über den Schönbrunner Sandstein streift – je nach Blickstellung verwandeln
sich Tiefe in Fläche, Relief in Struktur und Wand in Öffnung.
Und doch steht das Haus in urbaner Ruhe am Platz.

    Lediglich den Hang zum Permafrost wollen wir kritisch
anmerken. Warum diese Liebe zur unterkühlten Farbe? Vielleicht rührt sie ja aus der Verzweiflung über die immer gleiche
»Komödie von Stil und Fassade« (Schultes), die architektonisch in den Städten zu spielen ist. Immerhin hat Schultes
ihr ein Lehrstück geschrieben. Das braucht nun aber gar
nicht vereist zu werden. Eher schon im Gegenteil.

Gerwin Zohlen

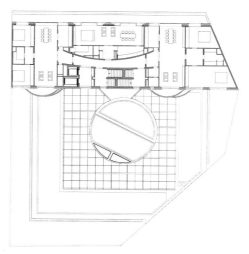

Grundriss 8. Obergeschoss   **Eigth floor plan**

Flur 2. Obergeschoss   **Corridor second floor**

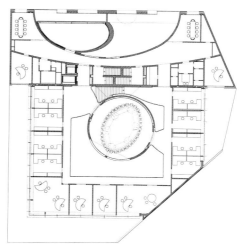

Grundriss 1. Obergeschoss   **First floor plan**

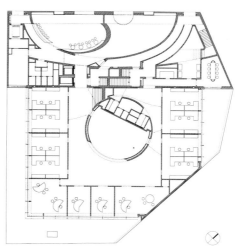

Grundriss Erdgeschoss   **Ground floor plan**

The octagon of Leipziger Platz, like the square of Pariser Platz and the circle of Mehringplatz, is one of Berlin's legendary piazzas. All three were created during the city's baroque eighteenth century expansion. When the Berlin Wall was built, Leipziger Platz was razed, leaving only traces in the sand. After the fall of the wall in 1989 there were plans to rebuild it in all its original beauty. The 1991 competition for the reconstruction of Potsdamer/Leipziger Platz mandated that the original octagonal shape be retained, but allowed for the height of surrounding buildings to be raised to 35 m. Unlike Pariser Platz, no official design statutes were drawn up for Leipziger Platz, but only an informal agreement towards an urban structure. The architectural challenge lay not so much in the creation of a building volume, but in the design of the facades.

Architects Axel Schultes and Charlotte Frank, who also designed the new Kanzleramt, rose to that challenge extraordinarily well. The footprint of the eleven-storey building at the south-west corner of Leipziger Platz is dominated by the geometry of the circle, which is a form favoured by these architects. This is evident in the intersecting arcs at the entrance, the balconies to the rear and the angled window apertures. The facade is structured around a central axis, which is not emphasised by any pilasters or other sculptural features and strikes a silent chord of harmony within the overall composition. The grey-green facade seems like a puzzle, with changing views transforming depth to plane, relief to structure, wall to aperture. Depending on the viewpoint, it appears at times as a skeleton construction and at other times as a closed wall, alternately giving the impression of horizontality and verticality. Though the building has oriels and balconies, they do not jut out from the facade. Finally, what appears to be a plastered facade is in fact homogeneously bonded Schönbrunner sandstone. The architects sought to teach a lesson versus the "comedy of style and facade". They have succeeded admirably.

Gerwin Zohlen

Blick von der Rotunde auf die Rückfassade
View from rotunda at rear facade

Fassade Leipziger Platz   **Facade Leipziger Platz**

Living Room, Gelnhausen
seifert.stoeckmann@formalhaut.de

Was ist ein Haus?

Der Abzweiger von der A 66 nach Gelnhausen, gut 40 Kilometer nordöstlich von Frankfurt, führt in ein beschauliches Städtchen, das mit seinen schmuck renovierten Fachwerkhäusern und originalgetreu hergerichteten Baudenkmälern als Kulisse für einen mittelalterlichen Historienfilm dienen könnte. Das Geburtshaus von Grimmelshausen, des Autors des Barockromans »Der abenteuerliche Simplicissimus«, liegt im Altstadtkern, nur wenige Gassen entfernt vom ältesten Fachwerkhaus Hessens in der Kuhgasse 5 und dem neuen Wohnhaus Kuhgasse 15, dessen Drainagerinne mit einem Zitat aus dem ›Simplicissimus‹ versehen ist.[1]

Den Auflagen des Denkmalschutzes folgend übernahmen die Architekten Gabriela Seifert und Götz Stöckmann für den neuen Entwurf Form und Umrisslinie des früheren Hauses Kuhgasse 15, das mit einer abgeknickten Ecke dem Verlauf der Gasse angepasst ist. Sie respektierten den kleinen Maßstab und die örtliche Geometrie, doch sie bereinigten den Typus. Giebeldach und Wände wurden einheitlich mit einer eierschalenfarbenen Aluminiumschicht überzogen, ohne Ziegel, Dachrinne oder Fenstergriffe. 52 Fenster im ortsüblichen Format perforieren nach dem Schema eines Schachbretts Dach und Wände in einer fortlaufenden Abfolge von geschlossenen und offenen Flächen. Aluminiumschuppen bilden die zunächst sichtbare Unterkonstruktion, die später mit einer pulverbeschichteten glatten Oberhaut aus Aluminium bezogen wird. Bündig mit dem Fensterglas abschließend wird diese die Abstraktion der Fassade noch steigern.

Fünf Künstler und ein Dichter wurden dazu eingeladen, Kunstwerke in das Haus zu integrieren: Poesie, Malerei, Skulptur, Licht- und Toninstallation. Das Fassadenepigramm von Thomas Kling thematisiert auf poetische Weise bereits die Zukunft des Hauses: Es spricht davon, dass es den Mundraum öffnet, atmet, der Text seiner Bewohner ist; von Steinen, die unvermutet in den Wohnraum gelangen, vom Garten, der im Haus ist, und davon, dass das Haus so sehr atmet, dass der erste Stock auf die Straße fahren kann!

Im Erdgeschoss wurde kein Blumengarten angelegt, wie zunächst vorgesehen, sondern eine archaische Steinlandschaft. Ein Bruchstein mit den Maßen von etwa 6 x 3 Metern Größe und 1,30 Meter Höhe bildet den Horizont, auf dem das Haus steht; die seitlichen Abstände zu den Hauswänden werden mit Kies aufgefüllt. Auf dem erratischen Block wird der Esstisch stehen, den der Bildhauer Wolfgang Luy entwirft; in einem Trog wird das stete Tropfen von Wasser zu

vernehmen sein. Die Küche ist in eine doppelte Giebelwand integriert, die sich über alle drei Ebenen des Hauses erstreckt und rein funktionale Räume wie Bad, WC, Heizung und Archiv beherbergt. Die beiden oberen Räume sind als Box frei zwischen die Giebel gehängt: das ganze Haus ist ein Raum. ›Living Room‹ nennen die Architekten ihr Haus, was Raum zum Leben, lebender Raum, Wohnzimmer oder Lebensraum bedeuten kann.

Das Obergeschoss funktioniert wie ein Schiff: Der Schlafraum (in der Box) liegt auf Schienen und kann mittels eines Elektromotors ins Freie gefahren werden wie ein Schiff aus dem Hafen. Mitsamt der seitlichen Stahlbrüstungen und der giebelseitigen Wand und deren Fenstern schwebt er über der Kuhgasse. Das Dachgeschoss ist zum Himmel gerichtet, obenauf befindet sich ein Deck, das mit umlaufenden Stahlläufen gesichert ist. Durch die vielen Fenster, die das Dach rhythmisch strukturieren, scheinen Himmel und Wolken nah, der seitliche Blick geht über die Dächer der verwinkelten Altstadt bis in die freie Spessartlandschaft.

Die Fassadenmalerei von Ludger Gerdes zeigt landschaftliche und architektonische Motive. Der Künstler Charly Steiger entwickelt eine Lichtinstallation in der Außenwand, die dokumentarische Extrakte des früheren ›Zitrone'häusches‹ beleuchtet.[2] Achim Wollscheid transformiert Geräusche des Außenraumes mittels programmierter Kompositionsvorgaben und überträgt sie in Echtzeit in das Haus. Die Ausblicke aus den Fenstern werden von Ottmar Hörl fotografiert, um in einem Regalsystem im Innenraum die Kontaktaufnahme des Hauses nach außen zu dokumentieren. Das Haus spricht zu seiner Umgebung und erwartet eine Antwort; es entwickelt Sprache als Kunstform. Seine tradierte Form ist seltsam vertraut, das Bild der Fassade, die Innenräume stellen Rätsel. Was ist ein Haus? Die übliche Trennung von innen und außen, öffentlich und privat, Fiktion und Realität wird negiert. Eine surreal anmutende Welt entsteht, die Träume und Leben verbindet und in dem ensemblegeschützten Umfeld einen Einblick in neue Formen des Wohnens und Lebens gibt.

Michaela Busenkell

---

1 »Diese Bilder können nicht reden: was aber ihr Tun und Wissen sei, kann ich aus diesen schwarzen Linien sehen, welche man Leben nennet. Und wenn ich dergestalt lese, so hältst du dafür, ich rede mit den Bildern. So aber nichts ist.«
2 Der Bestandsbau der Kuhgasse 15 wurde im Volksmund ›Zitrone'häusche‹ genannt, weil sein auffallendstes Merkmal der gelbe Außenputz war.

Architekten	Architects	seifert.stoeckmann@formalhaut.de, Frankfurt am Main; www.formalhaut.de
		Gabriela Seifert, Götz G. Stöckmann, Team: Martin Boehler, Jan Peter Dahl
Bauherr	Client	Götz G. Stöckmann, Gelnhausen
Tragwerk	Structural	Rüsch Diem Schuler, Dornbirn/Österreich
Künstler	Artists	Ludger Gerdes (Malerei/Painting), Achim Wollscheid (Ton/Sound), Ottmar Hörl (Fotografie/Photography),
		Charly Steiger (Licht/Light), Wolfgang Luy (Skulptur/Sculpture)
Dichter	Poet	Thomas Kling (Fassadenepigramm/Facade Lyrics)
Ausführung	Construction	2001–2002
Standort	Location	Kuhgasse 15, Gelnhausen

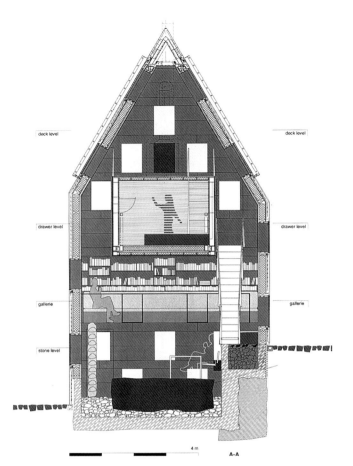

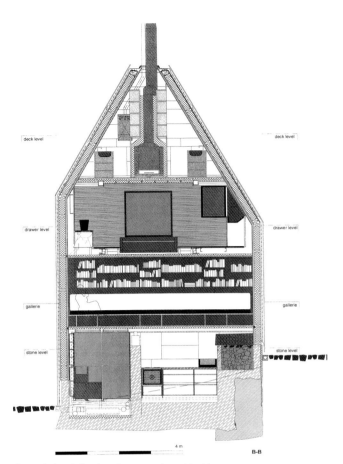

Querschnitt mit Balkon **Cross section with balcony**

Querschnitt mit Kamin **Cross section with chimney**

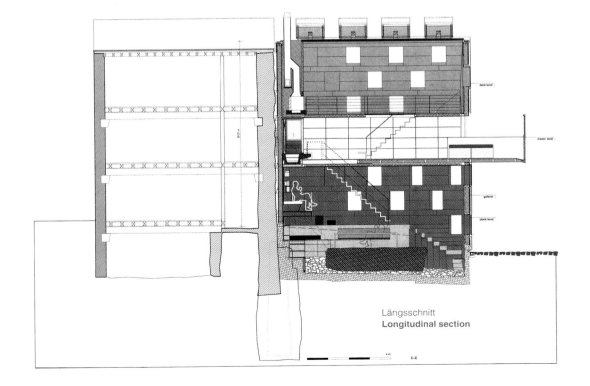

Längsschnitt
Longitudinal section

What is a house?

The house at Kuhgasse 15 is situated in the historic centre of the medieval town of Gelnhausen. Architects Gabriela Seifert and Götz Stöckmann complied with conservation regulations in retaining the form and outline of the original building, while adapting the actual building type. The gabled roof and walls have been clad in a smooth eggshell-coloured skin of aluminium that closes flush with the window panes. The walls and roof are perforated by 52 windows in the local format.

Five artists and a poet have been invited to integrate works of art into the house: poetry, painting, sculpture, light and sound installations. Thomas Kling has already created a facade epigram telling of the house as a mouth that opens, breathes and narrates the story of those who live there, and of stones that enter the living space so that the first floor can travel to the street.

The ground floor is an archaic landscape. The dining area is built around on a 6 x 3 metre rough-hewn stone 1.3 metres in height, with pebbles filling the space between it and the outer walls. The double gable wall that runs the height of the three-storey house contains the functional areas of kitchen, bathroom, heating and storage. The two upper rooms are suspended freely between the gables, making the entire house a "living room", according to the architects. The bedroom in the box is set on rails with an electric motor that allows it to be moved out into the open like a ship hovering above the Kuhgasse lane. The top floor is the deck, and the skylight makes the sky and clouds seem closer while affording views across the historic centre all the way to the surrounding Spessart landscape.

The traditional form of the house seems strangely familiar, while the facade and interior cast up questions. The distinction between interior and exterior, public and private, is negated. The house addresses its surroundings, telling of new forms of living.

Michaela Busenkell

Giebelansicht von Südosten   **Frontview from south-east**

Ausfahrbarer Balkon   **Movable balcony**

Umgebung Kuhgasse, Montage   **Kuhgasse area, montage**

Einpassung in die Dachlandschaft   **Blending with the surroundings**

Haus Sobek R 128, Stuttgart
Werner Sobek Ingenieure

Eines der ungewöhnlichsten Einfamilienhäuser, das in den letzten Jahren entstanden ist, ist das als gläserner Würfel gestaltete Haus von Ursula und Werner Sobek in der Römerstraße 128 in Stuttgart. R 128 ist gleichermaßen die radikale Realisation eines Traumhauses und eines technisch-ökologischen Experimentes.

Ursula Sobek schildert den Traum vom eigenen Haus wie folgt: »1984 reiste ich in den Nordjemen, wo die Dörfer wie Adlernester auf Bergspitzen gebaut sind. In einem dieser Dörfer hatte ich die Gelegenheit in einem Mafradsch, dem obersten Stockwerk, zu übernachten. Das Gefühl von absoluter Freiheit und die Nähe zur Natur waren überwältigend. Der Wunsch, wie in einem Mafradsch zu leben, war über die Jahre hinweg latent vorhanden.«[1]

Zu viel Freiheit, meinen manche Kritiker, ein Haus müsse auch Schutz und Rückzugsmöglichkeit bieten, also auch eine Höhle sein. Das Nest als Inbegriff der Freiheit, die Höhle als Ort der Geborgenheit: Ein gutes Wohnhaus sollte etwas von beidem haben. Denn wenn wir uns von dem engen Hausbegriff befreien, den wir in Mitteleuropa kennen, so finden wir faszinierende Beispiele von Höhlenhäusern, etwa die zahllosen unterirdischen Erdwohnungen in China, Nesthäuser in den indianischen Pueblos und echte Baumhäuser bei den Papuas in Neuguinea. Und wenn die Verhaltensforscher Recht haben, dass es kein Urhaus, sondern lediglich eine Urfähigkeit gibt, sich zu behausen, dann sind Nest und Höhle kein Widerspruch, sondern adäquate Antworten für ein dem Menschen angemessenes Wohnen.

In der persönlichen Diskussion während der Entwurfsphase des Hauses Sobek wurde die Angst vor der fehlenden Schutzfunktion des gläsernen Würfels als negativer Aspekt von mir problematisiert und konnte erst durch die Besuche im fertiggestellten Haus vollkommen entkräftet werden, weil es dem Haus so wenig an einer Schutzfunktion mangelt wie einem Nest in einem hohen Baumwipfel oder einem Mafradsch.

Das Haus will keine allgemein gültige Antwort zum Thema Einfamilienhaus in einem städtischen Umfeld geben, sondern ist ein faszinierendes Unikat auf einem einmaligen, nicht einsehbaren steilen Nordwesthang, der für Stuttgarter Verhältnisse von ungewöhnlicher Größe ist. In dem gläsernen Würfel fühlt man sich ähnlich wie in den phantastischen WC-Anlagen, die der Maler Cesar Manrique im Museum von Recife auf Lanzarote gebaut hat: Die gesamte Wand des WCs besteht hier aus einer einzigen riesigen Glasscheibe, sodass man hoch über den Wogen des Atlantiks an einer steilen Felswand mit Blick auf wild blühende Agaven thront,

wobei einen keineswegs das Gefühl von Scham oder Angst vor Voyeurismus befällt, sondern ein beglückendes Gefühl von Vogelfreiheit. Eben jener Effekt stellt sich bei jedem Besucher des Hauses Sobek ein, sobald er erkannt hat, dass man trotz der völligen Transparenz und der grandiosen Rundsicht im gesamten Haus vor Einblicken geschützt und so die nötige Privatheit gewährleistet ist, um sich frei und unbeschwert zu fühlen. Die internen Reflektionsschichten der Rundumverglasung sorgen zudem dafür, dass das Haus von außen als schwarze Box erscheint, selbst wenn es innen hell erleuchtet ist.

Der gläserne Würfel scheint das Haus als ein Architekturobjekt unserer Zeit auszuweisen, das scheinbar jenem asketischen Minimalismus folgt, der momentan *en vougue* ist. Doch auch dieses täuscht, denn das Haus folgt aus genehmigungsrechtlichen Gründen exakt der Geometrie eines vorher bestehenden, relativ banalen Giebeldachhauses, das vom Ingenieur Werner Sobek gleichsam auf den Kopf gestellt wurde.

Die These über die Notwendigkeit, Häuser nach Süden auszurichten, um ökologische, also solarenergetische Effekte zu erzielen, ist inzwischen durch viele Berechnungen widerlegt, auch wenn weiterhin ganze Siedlungen ihre monotonen Häuserzeilen nach Süden ausrichten. Richtig ist vielmehr, dass auch die Ausrichtung nach Osten oder Westen und – ab einer gewissen Glasqualität – sogar nach Norden in der Lage ist, Energiegewinne aus der Himmelsstrahlung zu ziehen. Insofern ist es konsequent, das Haus allseits zu verglasen und damit in den Dienst der Energiegewinnung zu stellen. Glas wird eines der Materialien sein, das den Bausektor revolutionieren wird. Mit der weiteren Verbesserung der Wärmedämmeigenschaften von Glas, die beim Haus Sobek bei gleichzeitig sehr guter Durchlässigkeit für Solarstrahlung einen k-Wert von 0,4 erreicht, werden Glasfenster nicht mehr eine Energieverlustquelle, sondern ein Energiegewinner sein. Insofern kann, was zunächst wie ein Widerspruch erscheint, das völlig verglaste Haus, wenn es richtig gebaut ist, die Sonnenwärme so effektiv nutzen, dass es ohne weitere Energiequellen auskommen kann. Dieser Aspekt des Hauses Sobek als technisch-ökologisches Experiment, als Energiesparmaschine, als nahezu hundertprozentig demontier- und recyclebares Gebäude und als Haus mit vielen Innovationen wurde an anderer Stelle bereits ausführlich beschrieben.[2]

Das Haus folgt der Vision, dass es für jede Generation neue, zeitgemäße Antworten auf die immer noch gleichen Bedürfnisse nach einem Schutzraum für Menschen gibt

Entwurf & Tragwerk	Design & Structural	Werner Sobek Ingenieure, Stuttgart
		www.wsi-stuttgart.de
		Team: Robert Brixner, Zheng Fei, Ingo Weiss
Bauherr	Client	Ursula & Werner Sobek
HL-Technik	Technical	Transsolar Energietechnik, Stuttgart; Baumgartner, Kippenheim;
		Jochen Köhnlein Gebäudeautomation, Albstadt
Ausführung	Construction	10/1999–06/2000
Standort	Location	Römerstraße 128, Stuttgart

und – um noch einmal die Schüler von Konrad Lorenz und hier insbesondere Hermann Schiefenhövel zu zitieren – damit den Beweis antreten, dass zu allen Zeiten die Menschen unterschiedlichster Kulturen in den verschiedenen Klimazonen immer in der Lage waren, gültige und nachhaltige Lösungen für das menschliche Wohnen zu finden.

Werner Sobek hat in bemerkenswert radikaler Weise erneut die Befreiung des Hauses von der Wand realisiert und ein notwendiges Stück Zukunftsexperiment gewagt. Es ist ein sehr persönliches Einfamilienhaus an einem einmaligen Ort entstanden, ohne in dieser Form allgemeingültig multiplizierbar zu sein.

Über Fotos und Zeichnungen lässt sich das Haus Sobek kaum vermitteln. Weil es so viele neue, bislang nicht erlebte

Aspekte aufweist, muss es im persönlichen Gebrauch beurteilt werden. Es ist ein sonnendurchflutetes Haus mit einem ganz eigenen Flair entstanden, das dank der ständig wechselnden Aussichten Bewohnern und Besuchern Eindrücke vermittelt, die nur die ›stubenhockenden Höhlenbewohner‹ verunsichern könnten. Schon das Erlebnis eines einzigen Tages- und Nachtzyklus mit dem Lauf der Sonne, dem Ziehen der Wolken, dem Vergehen des Lichtes, dem Aufglimmen der Stadt und dem Sternenhimmel über sich ist im eigentlichen Sinne des Wortes eine Sensation.

Peter Hübner

1 *db Deutsche Bauzeitung*, H. 7, 2001, S. 34–71.
2 Werner Blaser, Frank Heinlein, *R 128 by Werner Sobek*, Basel, 2001.

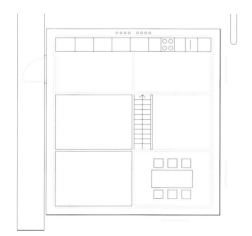

3. Obergeschoss   **Third floor plan**

2. Obergeschoss   **Second floor plan**

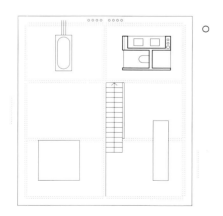

1. Obergeschoss   **First floor plan**

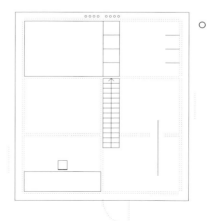

Erdgeschoss   **Ground floor plan**

Ansicht von Nordost mit Steg
View from northeast with walkway

Innenraum **Interior**

R 128 is both the radical realisation of a dream house and a eco-technical experiment. This fully glazed cube addresses the question of how much shelter people need. The answer seems to be: a good home should be as much a nest as a cave.

This house is based on the visionary idea that each new generation has to find its own appropriate responses to the question of human habitat. Civil engineer Werner Sobek has taken a remarkably radical approach in pursuing a far-sighted and necessary experiment. The result is a highly personalised one-family house in a unique location that cannot simply be universally copied in this particular form.

Building regulations demanded that the glass cube should adhere precisely to the geometry of the relatively uninspiring one-family house that originally stood there. Glass is one of the materials set to revolutionse the building sector. The fully glazed house, if properly built, can be completely independent in terms of energy, by directly drawing enough solar energy to supply all the needs of the building. Studies have shown that east and west facing buildings are by no means less advantageous than north or south facing structures and that, with high quality glazing, as much solar energy can be reaped from the north as from any other direction. So it was only logical to glaze all sides of the house in the interests of energy gaining.

In spite of the glazing on all sides and the magnificent allround views, the house cannot be viewed into, and so it still provides the necessary privacy for its dwellers to move around with unimpeded freedom. The internal reflective layers of the glazing make it a black box at night, even when it is brightly lit inside.

This sunny, light-flooded house has its own distinctive atmosphere. It provides those who live in it with ever-changing outlooks that might seem disturbing only to those who prefer the closed shelter of the cave to the openness of the nest. It is nothing short of sensational to experience the passing of a single day in this building—the course of the sun, the passing of clouds, the dying of the light, the night-lights of the town, the starry sky above.

Peter Hübner

Blick über Stuttgart **View across Stuttgart**

SIDE Hotel, Hamburg
Jan Störmer Architekten

Was das Grandhotel für die mondäne Welt des ausgehenden 19. Jahrhunderts war, ist für den Jetset unserer Tage das Designhotel. Exponierte sich das Grandhotel mit Freitreppen und Portiken in bevorzugter Lage, so geben sich die Designhotels in ihrer äußeren Erscheinung zurückhaltend, nüchtern. Man übt sich in augenzwinkerndem Understatement.

So hat auch Hamburgs neuestes Designhotel nach einem Entwurf von Jan Störmer und mit einer Innenausstattung von Matteo Thun auf den ersten Blick eher etwas von einem eleganten Bürogebäude. Günstig platziert zwischen Binnenalster und den vornehmen Einkaufspassagen der Stadt, liegt es in einer baulich sehr heterogenen Straße, gegenüber der banalen Front einer Parkgarage. Über einem mit hellgrünen Granitplatten verkleideten Sockelgeschoss erhebt sich eine streng gerasterte Doppelfassade aus Stahl und Glas. Scharlachrote und cremefarbene Felder, die nachts hinterleuchtet werden, strukturieren einzelne Fassadenelemente. Tagsüber mischen sich in dieses Spiel Sonnenschutzrollos in Schokoladenbraun, Blutrot oder Schneeweiß. Der obere gerade Abschluss des Gebäudes, der die Traufhöhe der übrigen Bauten der Straße einhält, wird von drei stark zurückgesetzten Geschossen überragt. Von diesen scheinen die beiden obersten, die mit dem hellgrünen Granit des Sockels verkleidet sind, gleichsam zu schweben, da sie über einem zur Straße hin völlig verglasten Zwischengeschoss vorkragen. Gestaffelte Obergeschosse haben in der Hansestadt eine lange Tradition. Hier aber sind es eigentlich zwei Baukörper, die versetzt ineinander greifen: an den siebengeschossigen, gläsernen zur Straße hin schiebt sich von rückwärts ein zehngeschossiger mit einer steinernen Lochfassade heran. Mit diesem Konzept, das das Grundstück optimal ausnutzt und noch um drei Tiefgeschosse erweitert, konnte sich Jan Störmer in dem europaweit ausgeschriebenen Wettbewerb gegen Jean Nouvel, Bothe Richter Teherani, André Poitiers und von Gerkan, Marg & Partner behaupten. Das für den Hamburger Architekten so charakteristische kontrapunktische Nebeneinander zweier gänzlich unterschiedlicher Gestaltungsprinzipien an einem Gebäude mag auch den Mailänder Designer Matteo Thun bei der Innengestaltung inspiriert haben. Er setzte subtil auf Kontraste von Formen und Farben.

Von der Straße aus wirkt der Eingang des Hotels bis auf ein weit vorspringendes, schmales Vordach relativ unauffällig. Neugierig machen eher die nie ganz zugezogenen schweren, tiefroten Samtvorhänge im Erdgeschoss, durch die man einen flüchtigen Blick in die mit korallenroten Leder-

polstern ausgestattete Bar werfen kann. Das schlanke Hotelportal öffnet sich durch einen tunnelartigen Korridor in die Hotelhalle, die über einem trapezförmigen Grundriss acht Geschosse in die Höhe ragt. Ringsum liegen die Korridore mit den Hotelzimmern. Die Flure werden an den Längsseiten zur Halle durch Glaswände abgeschirmt, über die in wechselnden Tages-, Nacht- und Jahreszeitenrhythmen – gleich einer Welle – ein Lichtband auf- und niedersteigt, das von schmalen Streifen kornblumenblauen Lichts diagonal gekreuzt wird. Diese blauen Lichtstreifen materialisieren sich in einer schräg die Halle durchstoßenden durchsichtigen Leuchtstoffröhre. Die Lichtinstallation ersann der Bühnenbildner Robert Wilson. Sie verleiht der ansonsten nüchternen, nur mit einem dunkelbraunen hölzernen Empfangstisch möblierten Halle einen dramatischen Effekt. Der Hallenraum ist oben nicht zu Ende, er öffnet sich in die Hotel-Lounge im achten Geschoss. Von hier hat man einen freien Blick in die Halle hinunter. Aus dieser Perspektive entwickelt der schachtartige Raum, an dessen Längswänden das Licht gleichsam hinabfällt, eine ungeheure Dynamik.

Der Empfangsbereich wurde mit den bekannten ovalen ›Supersassis‹ von Matteo Thun ausgestattet. Ihre ovale biomorphe Form kontrastiert mit der ansonsten streng kubischen Gesamtgestaltung. Das leuchtende Orange, das Burgunderrot und das Lindgrün der Sitzlehnen brechen mit der vorherrschenden Farbkombination aus Beige und Dunkelbraun. Solche kontrapunktischen Farbakzente finden sich auch in den 178 exklusiv ausgestatteten Zimmern. Sie wirken wie kleine ironische Anmerkungen in der sehr ruhigen und distanzierten Atmosphäre: dunkelbraunes Parkett, rehbraune Wildlederkissen, cremefarbenes Leinenbettzeug, hellbeiger Teppichboden, gläserne Waschbecken, dazu die apfelgrünen, blassvioletten und hellrosa Farbelemente eines Couchtisches und die in gleichfarbigen Papieren eingeschlagenen Designbücher auf den Regalbrettern. Bei den zehn Suiten im zehnten und elften Stockwerk, in den Größen ›S‹ bis ›XXL‹, setzt die farbliche Fassung der Eingangstüren den Akzent. Leuchtelemente an den Wänden und eine kelchförmige Badewanne, die frei in dem von Glaswänden getrennten Waschbereich steht, nehmen den Farbklang der Türen – Lindgrün, Mauve, Pink oder Orange – wieder auf.

In den drei Untergeschossen des Hotels befindet sich neben Konferenz- und Tagungsräumen auch ein Wellnessbereich. Dieser umfasst Fitness- und Massageräume sowie ein mit kleinen blauschillernden Kacheln ausgelegtes

Architekten	**Architects**	Jan Störmer Architekten, Hamburg; www.stoermer-architekten.de
		Team: Achim Schneider, Thomas Mau, Christine Hilgenstock, Matthias Latzke
Innenarchitekt	**Interior**	Matteo Thun, Mailand, Annette Schäfer
Bauherr	**Client**	Seaside Hotel Hamburg GmbH & Co. KG
Tragwerk	**Structural**	Windels Timm Morgen, Hamburg
HL-Technik	**Technical**	TWP- Getek, Hamburg
Licht	**Light**	Robert Wilson, New York
Wettbewerb	**Competition**	1997
Ausführung	**Construction**	06/1999–05/2001
Standort	**Location**	Drehbahn, Hamburg

Eingang Drehbahn **Entrance Drehbahn**

Schwimmbecken, an dessen Rand grasgrüne, leuchtend
orangefarbene und sonnengelbe Sitzkojen und zinnoberrote
Liegen zum Verweilen einladen. Die Damentoilette in diesem
Bereich ist eine Symphonie aus Tizianrot und Pink, während in
der in Blautönen gehaltenen Herrentoilette das Thema Wasser noch durch eine Wasserwand akustisch untermalt wird.

In der kantigen und nüchternen Architektur Jan Störmers
setzte Matteo Thun mit seinen Farbakzenten und den ovalen
Sitzen kleine Kontrapunkte. Die Architektur hielte diese aus,
sie überdauere sie vielleicht sogar, meint der Architekt. Ob
allerdings die edlen Materialen den doch sehr robusten Hotel-
alltag lange ohne Schaden überstehen, lässt ein Blick auf
manche Kante bezweifeln. Denn eines hält das Designhotel
im Gegensatz zu seinem großen Bruder, dem Grandhotel,
nicht aus: die Patina der Zeit. *Ursula Kleefisch-Jobst*

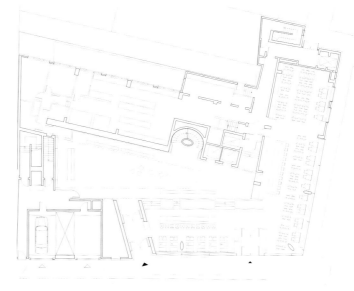

Grundriss Erdgeschoss **Ground floor plan**

Gesamtansicht **Full view of front**

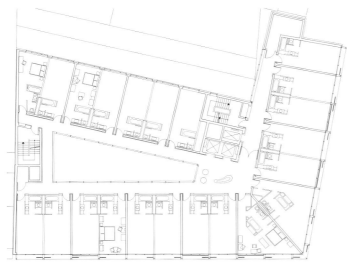

Obergeschoss **Floor plan**

In the late nineteenth century, the beau monde frequented Grand Hotels. The equivalent for today's jetsetters is the Design Hotel. Whereas the Grand Hotel tended to be an impressive structure in a prominent location, the Design Hotel is outwardly discreet to the point of sobriety—an exercise in knowing understatement.

At first glance, Hamburg's latest example of this new genre, designed by Jan Störmer with an interior by Matteo Thun, has the air of an elegant office building. Conveniently located between the expanse of water known as the Binnenalster and the city's finest shopping passages, it is set in an architecturally heterogeneous street. The building consists of two dovetailing structures: a seven-storey block with a glazed facade towards the street, backed by a ten-storey block with a perforated stone facade. Featuring three basement floors, it is a concept that fully exploits the available site. In fact, Jan Störmer's design won the contract against Europe-wide competition that included submissions from Jean Nouvel, Bothe Richter Teherani, André Poitiers and Gerkan Marg & Partner. The juxtaposition of two contrasting design principles is typical of this Hamburg-based architect's work and may well have been the inspiration for Milanese designer Matteo Thun's interior with its subtle handling of colour and its oval "supersassis" as counterpoints to Jan Störmer's soberly angular architecture.

The heart of the hotel is the reception hall, which soars eight storeys high over a trapezoidal floor plan. The long sides consist of glazed areas through which the changing times of day and night and the passing seasons rise and fall in a rhythmic wave of light crossed diagonally by slender strips of cornflower-blue light. These blue strips of light are created by a transparent neon light that runs at an angle through the hall. The light installation was created by stage designer Robert Wilson.

Ursula Kleefisch-Jobst

Hotelzimmer **Guest room**

Hotelzimmer **Guest room**

Wellnessbereich
Wellness area

16

Neue Synagoge, Dresden
Wandel Hoefer Lorch + Hirsch

»Da bedeckte die Wolke das heilige Zelt,
und die Herrlichkeit des Herrn erfüllte
die Wohnung.«   2. Mose. 40, 34

Wer heute eine Synagoge baut, steht im tiefen Schatten der Erinnerung. Es sind die Schatten der Zerstörung, des Todes und die Schatten einer unauslöschlichen Schuld. Wer heute in Dresden eine Synagoge baut, trägt doppelt schwer an dieser Bürde. Denn Dresden hatte einst eine Synagoge: Schön und prächtig im romanischen Rundbogenstil, erbaut im Jahr 1840 von Gottfried Semper. Ein goldener Davidstern krönte ihr Haupt als Hoffnungszeichen jüdischen Bürgerwillens jenseits aller Pogrome. Die ›Reichskristallnacht‹ am 9. November 1938 vernichtete den zaghaft keimenden Traum mit den Mitteln brutaler Gewalt: Die Semper-Synagoge brannte lichterloh, und kein Stein blieb auf dem andern. Und dann herrschte der Tod als ›ein Meister aus Deutschland‹: Die Dresdner Juden wurden deportiert und in Konzentrationslagern ermordet. Als der Zweite Weltkrieg zu Ende war, zählte die jüdische Gemeinde nicht einmal mehr fünfzig Menschen. Aber sie wuchs durch Zuwanderung aus dem Osten und mit ihr der Wunsch nach einem Ort der geistigen Heimat: Eine neue Synagoge sollte entstehen!

Am alten Platz, aber doch ganz anders. Es sollte ein Bauwerk sein, das als ›dennoch‹-Metapher vom neuen Selbstbewusstsein der jüdischen Gemeinde kündet und in seiner versammelnden Kraft zum Wegzeichen dieser jungen und heterogenen Gemeinde werden konnte: ›Höre, Israel!‹[1] Die Architekten Wandel, Hoefer, Lorch+Hirsch bauten die Neue Synagoge in diesem alttestamentarischen Geiste: Sie steht wie Salomons steinerner Tempel als monolithischer Fels in der Brandung. Ausgangspunkt dieses Entwurfes war ein streifenförmiges, relativ steiles Grundstück am Ende der Brühlschen Terrasse, auf der die Synagoge mit dem jüdischen Gemeindehaus Platz finden sollte. Die Architekten trennten die beiden funktional konträren Bereiche und setzten jeweils an die Schmalseiten der Fläche einen kubischen Körper: Zur Elbe hin die Synagoge, zur Altstadt das Gemeindehaus und dazwischen den Hof. Auch der Hof ist zweigeteilt: Zur Synagoge hin lockt er mit einem zierlichen Platanenhain, in Richtung Gemeindehaus glitzert er im Grundriss der historischen Semper-Synagoge als Scherbenfeld aus zerbrochenem Glas – allgegenwärtige ›Reichskristallnacht‹.

Ein seltsam ambivalentes Gefühl aus Reiz und Ruhe beherrscht diesen Ort, dem man sich nicht entziehen kann.

Da ist zunächst das transparent und offen zum Hof hin konzipierte Gemeindehaus. Mit seiner über alle drei Geschosse verlaufenden Glasfront lädt es wie eine Guckkastenbühne mit freundlicher Geste ein; neugierig öffnet man die fast raumhohe Holztür mit der segnenden Mesusa im Rahmen. Man sieht den weiten Vorraum, in dem zukünftig ein öffentliches Café eingerichtet werden soll, und den dahinterliegenden Mehrzwecksaal für Veranstaltungen und Ausstellungen. Durch Oberlichter und viele waagrechte Fensterschlitze, die im frechen Ping-Pong-Prinzip unregelmäßig über die Wände verteilt sind, wirkt der Raum ganz hell und weit. Die oberen Stockwerke mit Büros, der kleinen Tagessynagoge und dem Dachgarten mit Fenster zum Himmel gehören zum internen Bereich.

Und wieder steht man im Hof. Geht die Mauer entlang, die das Ensemble zur sechsspurigen Straße hin gegen den Lärm abschirmt, liest die Gedenkinschrift und tastet mit der Hand über die spärlichen Mauersteine der zerstörten Semper-Synagoge, die bei Grabungen entdeckt und hier in die Mauer integriert wurden. Im Weitergehen spürt man knirschendes Glas unter den Sohlen, fühlt die warme Sonne unter dem lockeren Platanendach, und dann steht man vor der Neuen Synagoge. Ein Haus wie ein gewaltiger schützender Körper! Programmatisch steht in goldenen hebräischen Lettern über dem Portal zu lesen: »Mein Haus sei ein Haus der Andacht allen Völkern«. Und man begreift: Dies ist Salomons Tempel, das wiedererstandene Urbild der jüdischen Andachtsstätte! Aus massigen ockerfarbenen Betonformsteinen sind seine hermetischen Wände gebaut, die den Ort introvertierter Andacht umschließen. Und doch liegt eine ungeheure Dynamik in den Mauern dieses archaischen Blocks, denn der mächtige Kubus ist in sich gedreht. Durch die wandernden Schatten zwischen den subtil verschobenen Gesteinslagen gewinnt das Bauwerk skulpturale Präsenz. Unwillkürlich erinnert es aber auch an Etienne-Louis Boullées ferne Gehäuse der Stille: Bei beiden wirkt das Zauberwort ›émouvoir‹! Architektur gerinnt zur steinernen Gefühlsmetapher – vielschichtig und vieldeutig in einer Sprache, die der große Literat Hugo von Hofmannsthal einst die ›Sprache der stummen Dinge‹ genannt hat.

Aus der schrittweisen Rotation der orthogonal angeordneten Quaderebenen der Synagoge resultiert

Architekten	Architects	Wandel Hoefer Lorch + Hirsch, Saarbrücken/Frankfurt am Main
		Andrea Wandel, Hubertus Wandel, Dr. Rena Wandel Hoefer, Andreas Hoefer, Wolfgang Lorch, Nikolaus Hirsch
		Team: Kuno Fontaine, Christoph Kratsch, Dirk Lang, Lukas Petrikoff
Bauherr	Client	Jüdische Gemeinde, Dresden
Tragwerk	Structural	Schweitzer Ingenieure, Saarbrücken/Dresden
HL-Technik	Technical	Zibell Willner & Partner, Dresden
Akustik	Acoustical	Müller BBM, Dresden
Wettbewerb	Competition	1997
Ausführung	Construction	1998–2001
Standort	Location	Am Hasenberg 1, Dresden

gleichzeitig die Verneigung nach Osten: Dort liegt Jerusalem, und dorthin orientiert sich auch der Thoraschrein mit den heiligen Schriftrollen. Der Schritt ins Synagogeninnere offenbart das Prinzip ›Raum im Raum‹, außen die mächtigen Wände, innen das luzide, nach Osten gewandte Zelt. Salomon Korns Theorie der jüdischen Tradition, die vom Gegensatzpaar zwischen Dauerhaftem und Provisorischem geprägt ist, findet hier bildlichen Ausdruck. Das Dauerhafte lebt im Zitat des zerstörten salomonischen Tempels, lebt in den erratischen, wie vom Sonnenlicht gebleichten Mauern der Neuen Synagoge zu Dresden. Das Zelt aus schimmerndem Messinggewebe, das wie ein Baldachin den Raum überspannt, beschreibt das Provisorische. Es erinnert an die vierzigjährige Wüstenwanderung der Kinder Israel, bei der das Stiftszelt als transportable Synagoge diente. In ihm war die Bundeslade mit den Gesetzestafeln geborgen, und hier war der Raum für den Wortgottesdienst. Ein Zelt beschreibt das Flüchtige, die fragile Stabilität des Augenblicks, die immer auch ein Zeichen der Hoffnung darstellt: ›Wie schön sind deine Zelte, Jakob, deine Wohnstätten, Israel!‹ Die Dresdner Synagoge will nur ein kleiner Tempel, aber eine wichtige Versammlungsstätte nach dem hebräischen Begriff Bet ha-Knesset (Haus der Zusammenkunft) sein. Sie ist Gefäß der intensiven Meditation und Konzentration und zugleich ureigenster Ausdruck menschlichen Wollens: »In Frieden an einem geschützten Ort sein!«[2]

Ein ganz existenzielles Motiv klingt in diesen Mauern an: Es ist das Bekenntnis menschlicher Unzulänglichkeit, das sich in der permanenten Suche nach Geborgenheit manifestiert. Geborgenheit in Mauern aus Stein. Sie bauen und doch spüren, dass wir »unsere grundsätzliche Heimatlosigkeit akzeptieren müssen, um wirklich in dieser Welt zuhause sein zu können«[3] – das ist menschliches, das ist jüdisches Schicksal. Im goldenen Zelt schlägt das rituelle Herz der Synagoge, denn hier wird der Thoraschrein (Aron Hakodesch) aufbewahrt, und hier steht das nach überlieferter Tradition zentral ausgerichtete Pult (Bima) für die Thoralesung. Streng kubische Holzbänke, die an Dom Hans van der Laans puristisches Baukasten-Alphabet erinnern, komplettieren den fensterlosen Gebetsraum mit der Empore. Orgelklänge durchziehen das Haus und verebben an den sich sanft krümmenden Steinwänden. Wenn nun zarte Sonnenfinger von oben durch die Kassettendecke ins numinose Dunkel des Raumes tasten, wenn plötzlich Lichtfünkchen im goldenen Gewebe des Zeltes blinken, dann ist Jakobs verheißungsvoller Himmelsleitertraum[4] zum Greifen nah.

Karin Leydecker

1 Vgl. 5. Mose 6,4 ff.
2 Vgl. Martin Heidegger, in: Christian Norberg-Schulz, *Genius Loci,* Stuttgart 1982, S. 22.
3 Karsten Harries, *The Ethical Function of Architecture,* Cambridge/London 1997, S. 200.
4 Vgl. 1. Mose 28, 12–22.

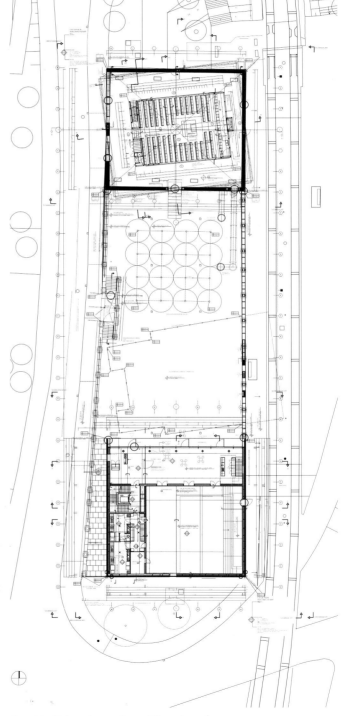

Grundriss Erdgeschoss **Ground floor plan**

The first synagogue in Dresden was built in 1840 by Gottfried Semper on the Brühlsche Terrassen. This magnificent religious structure in round-arched Romanesque style was burnt down and destroyed in the Nazi terror of the »Kristallnacht« pogrom on 29 November 1938. Now the Jewish community has a new spiritual home: A synagogue has been erected on the original site after a design by architects Wandel Höfer Lorch + Hirsch. Its potent pentateuchal expressiveness echoes the self-awareness of the heterogeneous Jewish community: like the Temple of Solomon, the New Synagogue in Dresden stands like a monolithic rock of ages.

The architects have designed a dual ensemble linked by a courtyard. On a raised plateau, the synagogue and the community centre face each other as autonomous but related volumes. A surrounding wall screens the ensemble from the noisy street. Inside the courtyard, onto which the welcoming community centre opens with a three-storey glazed facade, an empty space filled with broken glass recalls the ravages of the »Kristallnacht«.

At first glance, the synagogue appears as a solid volume, but a slightly spiralling movement of the layered stones lends it a subtly dynamic and distinctly sculptural expression. The gradual torsion of the ochre-coloured concrete walls also orients the building towards the east and Jerusalem, in keeping with tradition. This orientation continues inside the cubic building, whose principle of a room-within-a-room recalls the Jewish tradition of the contrast between permanence and transience. Within the solid yet numinous walls of the synagogue, a baldachin of gold-coloured metal weave is suspended, recalling Moses' Tent. It is here that the thora shrine (Aron Hakodesch) is kept, and also the central lectern (Bima) for the thora reading. Minimalist wooden benches and fittings complement the windowless room of worship with its gallery. Charged with symbolism and expressive power, the New Synagogue in Dresden is a small temple, yet at the same time an important place of assembly (Bet ha-Knesset in Hebrew) for teaching and prayer.

Karin Leydecker

Hof mit Gemeindezentrum   **Courtyard with community center**

Teil der Fassade   **Detail of the facade**

Synagoge und Hof von Süden
Synagogue and courtyard from south

Ansicht von Südwesten (folgende Seite)
South-west elevation (following page)

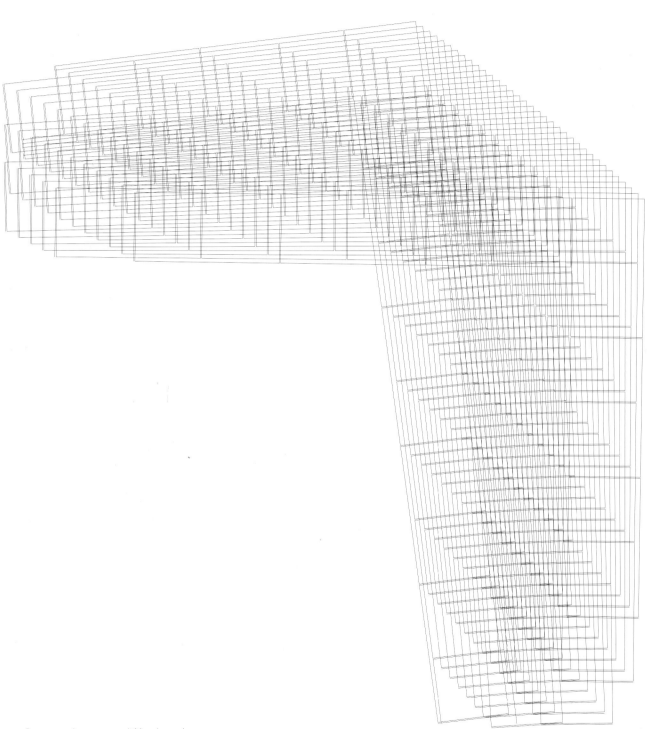

Synagoge, Innenraum mit Messingvorhang
Synagogue, Interior with brass curtain

Eckdetail **Corner detail**

Innenraum mit Almemor und Aron Hakadesh
Interior with Thora Reading Elevation and the Thora shrine

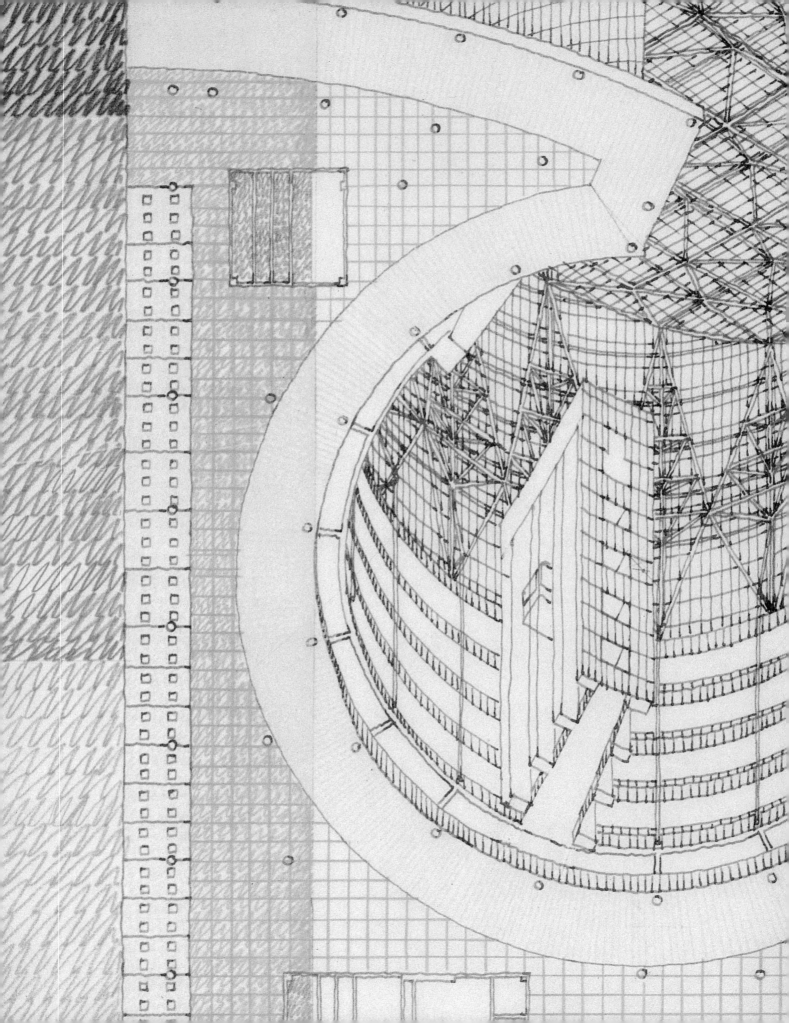

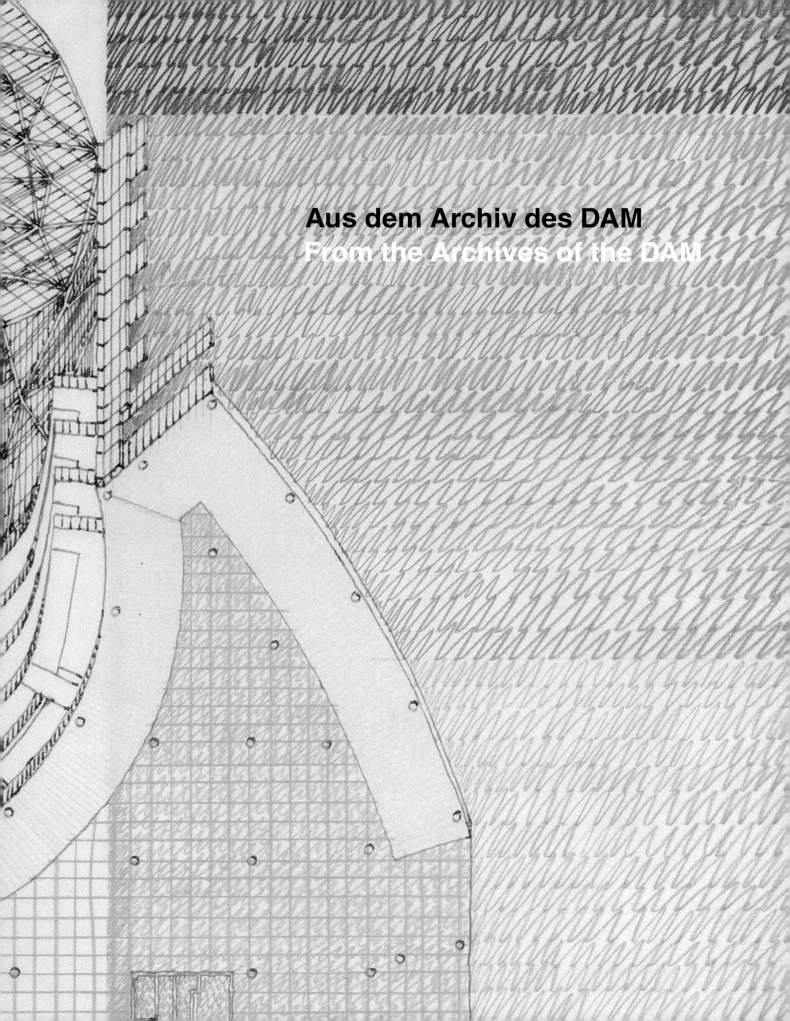

Aus dem Archiv des DAM
From the Archives of the DAM

17

Der ›Transatlantiker‹ Helmut Jahn.
Sein Weg in die amerikanische Moderne und der Rückweg nach Europa
Anna Meseure

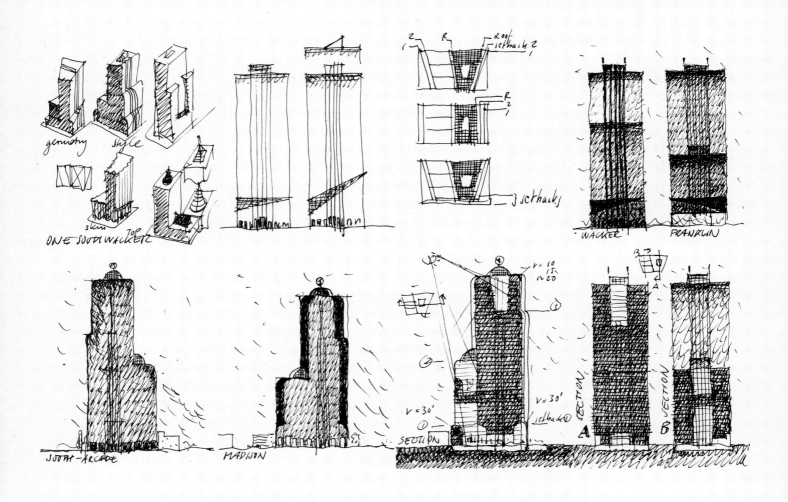

One South Wacker Office Building, Chicago,
Entwurfsskizze, 1979
**One South Wacker Office Building, Chicago,
Preliminary drawing, 1979**

Der Weg des deutschstämmigen Architekten Helmut Jahn in die amerikanische
Moderne, speziell in deren Hochhauskultur, ist ebenso kompliziert wie komplex. In
seinem architektonischen Oeuvre kreuzen und überlagern sich historische Einflüsse
mit zeitgenössischen Adaptionen, die er sich jeweils auf bisher so nicht gekannte
Weise anverwandelt hat. Am ehesten lässt sich dieser kreative Aneignungsprozess mit
dem in der Kunstwissenschaft seit den 1970er Jahren etablierten Begriff der Diffusion
beschreiben, der seinerseits sowohl auf die Physik wie die Agrarsoziologie zurück-
geht.[1] Dabei meint Diffusion im Gegensatz zu Begriffen wie Rezeption oder Adaption
nicht einfach nur die Wiederaufnahme und Weiterverarbeitung von etwas Vorgefunde-
nem, sondern eine so vollständige gegenseitige Durchdringung, dass das Ergebnis
nicht mehr auf eine der beiden ursprünglichen Substanzen zurückzuführen ist.

Um die im Archiv des Deutschen Architektur Museums vorhandenen Skizzen,
Pläne, Zeichnungen und Modelle von Helmut Jahn besser zu verstehen, mag es sinnvoll sein, sich den bedeutendsten architektonischen Diffusionprozess des 20. Jahrhunderts noch einmal vor Augen zu führen.[2] In den 1920er Jahren hatte der wichtigste
amerikanische Architekt, Frank Lloyd Wright, durch seine in Europa im Wasmuth
Verlag erschienenen Publikationen eine bahnbrechende Wirkung. Nicht nur die
De-Stijl-Gruppe in Holland, sondern in der Folge auch die Architekten des Bauhauses,
insbesondere Walter Gropius und Ludwig Mies van der Rohe, konnte er mit seinen

dort publizierten Raumkonzepten und den ineinander übergehenden Halbebenen seiner im Präriehaus-Stil errichteten Privathäuser überzeugen und beeinflussen. Noch im Barcelona-Pavillon von Ludwig Mies van der Rohe von 1928/29 ist dieser Einfluss sehr stark spürbar.

Mies van der Rohe musste während des Nationalsozialismus in die USA emigrieren und fand in Chicago ein neues Betätigungs- und Wirkungsfeld. Die beiden dort von ihm zwischen 1948 und 1951 am Lake Shore Drive errichteten Hochhäuser wie auch sein New Yorker Seagram Building nehmen zwar Entwurfsgedanken seiner in Berlin entstandenen, nicht realisierten gläsernen Hochhausentwürfe (1920/21) wieder auf, adaptieren aber auch die amerikanischen Hochhaustraditionen, die seit der Wende vom 19. zum 20. Jahrhundert vor allem durch Skelettbauweise und Vorhangfassaden charakterisiert sind.

Im Rückblick erscheint es wohl kaum als Zufall, dass der 1940 in Nürnberg geborene Helmut Jahn ab 1965 bei dem ehemaligen Mies-Schüler Peter C. von Seidlein in München Architektur studiert und praktiziert hat. 1966 ging Helmut Jahn in die USA, um sein Architekturstudium am Illinois Institute of Technology in Chicago fortzusetzen. Ab 1976 arbeitete er im Büro von C. F. Murphy Associates, deren Bauten und Entwürfe damals ebenfalls in der Mies'schen Tradition standen. 1973 wurde er deren Planungs- und Entwurfsdirektor, seit 1981 nennt sich das Büro Murphy/Jahn.

Es ist kaum übertrieben zu sagen, dass die architektonische Kultur in Chicago seit den 1960er Jahren von Ludwig Mies van der Rohe und seinen Schülern sehr massiv beeinflusst wurde. In seiner Entwurfstätigkeit im Büro C. F. Murphy Associates hat Helmut Jahn von Anfang an die Mies´schen stereometrischen Vorhangfassaden weitergedacht, auch wenn eines seiner ersten Projekte, das große Stadion Kemper Royal Arena in Kansas City (1973–1975) noch sehr von der konstruktiven Moderne im Sinne Konrad Wachsmanns und Buckminster Fullers beeinflusst ist. Aber schon wenige Jahre später realisierte er mit dem Xerox Center in Chicago (1977–1980) zum ersten Mal eine gerundete Hochhausglasfassade. Dieser Typus sollte in den 1980er Jahren weltweit sehr einflussreich werden und wurde von Charles Jencks mit dem Begriff ›Slick Tech‹ als eigenständige Richtung charakterisiert.[3] Insofern läutete Helmut Jahn mit dem Xerox Center eine neue veränderte Typologie der Hochhausarchitektur ein, obwohl sich der gesamte Gebäudekörper noch in einem großen Rechtkant darbietet und damit noch nicht jene Zerklüftungen und Abstufungen aufweist, die die künftigen Hochhausprojekte von Jahn charakterisieren werden.

Jahns Erweiterungsbau für die Handelskammer von Chicago, das Board of Trade Building (1978–1982), bezieht sich bereits in sehr viel deutlicherer Form auf das architektonische Vokabular des amerikanischen Art Déco der 1930er Jahre, wie wir es beispielsweise vom Empire State Building oder dem Chrysler Building in New York kennen. Allerdings aktualisiert er dieses Art-Déco-Vokabular, indem er in einem mehr als zwölfgeschossigen Innenhof-Luftraum die begrenzenden Innenhoffassaden in der Art von Stalakmiten aufsteigen lässt. Insofern werden die Fassaden des Innenhofes zu einem gläsernen Katarakt. Durchaus sensibel die vorgegebenen Proportionen der historischen Handelskammer wiederaufnehmend, spielt Jahn mit diesen Proportionen, indem er farbig abgestufte vertikale Glasbänder variiert und konterkariert. Damit wurde zum ersten Mal in der amerikanischen Hochhausarchitektur der 1970er und beginnenden 1980er Jahre eine Historizität zurückgewonnen, die sich auf amerikanische Vorbilder bezieht und in deutlichem Widerspruch zu der funktionalistischen glatten Bauhausmoderne steht, die in Amerika neben Ludwig Mies van der Rohe auch Walter Gropius und Marcel Breuer verkörperten.

Einen ähnlichen Umgang mit historischen Allusionen kennzeichnet auch Jahns Hochhaus One South Wacker Office Building in Chicago (1979–1982), das erneut in der gesamten Gebäudekubatur kataraktartige, ondulierende Abstufungen in den

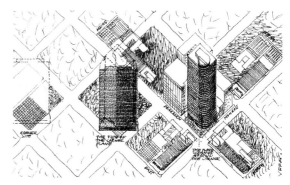

Xerox Center, Chicago, Entwurfsskizze, 1977
Xerox Center, Chicago, Preliminary drawing, 1977

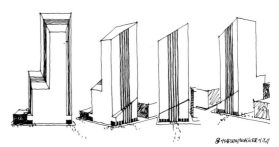

One South Wacker Office Building, Chicago, Entwurfsskizze, 1979
One South Wacker Office Building, Chicago, Preliminary drawing, 1979

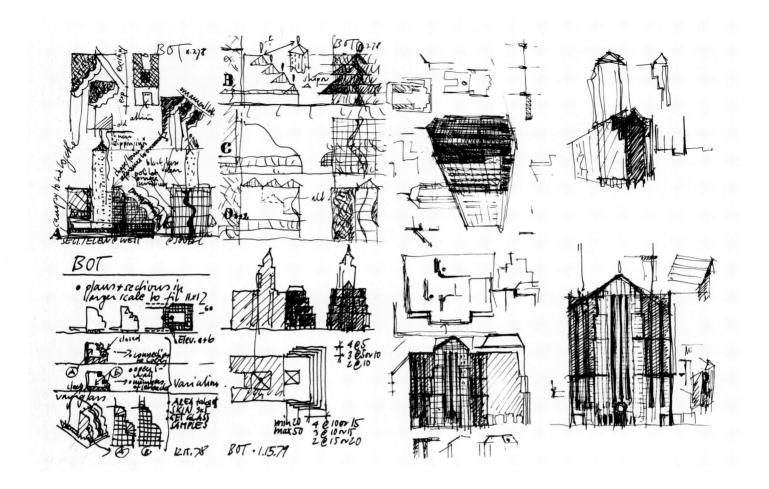

Board of Trade Building, Chicago, Entwurfsskizze, 1978
Board of Trade Building, Chicago, Preliminary Drawing, 1978

Fassaden aufweist – im Gegensatz allerdings zum Board of Trade-Erweiterungsge-
bäude nun tatsächlich an den Außenfassaden. Auch hier wird die hundertfach realisierte stereometrische Form des funktionalistischen Hochhauses, die ideologisch immer geschichts- wie ortsneutral sein wollte, wieder mit stilgeschichtlichen Zitaten der
Chicagoer Bautradition verbunden. Erneut verwendet Jahn ornamental strukturierte,
verschiedenfarbige Glasflächen in hellem Stahlblau, Kupferrosa, Schwarz und kühlem
Grau, die die Vorhangfassade flächenbündig strukturieren. Anlässlich dieses Baus
formulierte Helmut Jahn: »Ich konstruiere nicht Ornament, sondern ich schmücke
die Konstruktion«[4]. Es geht also nicht im historistischen Sinne um applizierten Bau-
schmuck, sondern um eine flächige Strukturierung innerhalb glatt gespannter Glasfassaden. Man kann dies durchaus auch innerhalb der architektonischen Hochhäuser-
Moderne als semantische Wende beschreiben. Die im Archiv des Deutschen Architektur Museums befindlichen Skizzen zu diesem Projekt zeigen zudem eine typische
Qualität der Zeichenästhetik Helmut Jahns: Wie kaum ein anderer Architekt der
Gegenwart vermag er es, in kleinsten Formaten mit wenigen Strichen die Dimensionen
und die Charakteristik von Hochhausbauten darzustellen. Aber in diesen Skizzen wird
ebenso deutlich, dass er eine Tendenz der klassischen europäischen Stadtplanung
durchaus souverän vernachlässigt: die bis heute bestehende Praxis nämlich, auf die
umgebende Bebauung so sehr Rücksicht zu nehmen, dass am Ende eigentlich nur
noch eine mögliche Baugestalt übrig bleiben kann. Denn bei Jahn nehmen die
verschiedenen Gebäudefluchten und Geschosshöhen nur noch lockeren Kontakt zur
umgebenden Bebauung auf.

Bei späteren Projekten, etwa dem Messeturm für Frankfurt am Main, aber auch Hochhäusern z. B. für Houston, hat Jahn für ein und dasselbe Bauvorhaben manchmal bis zu zwölf verschieden konturierte Hochhausmodelle abgeliefert und es den jeweiligen Wettbewerbsjurys überlassen, eines davon zu favorisieren. Dass sich Helmut Jahn seine Hochhaustypologien durchaus auch unabhängig von konkreten Bausituationen gewissermaßen als enzyklopädische Variantenbreite seines eigenen Entwurfsvokabulars selbst zeichnerisch vergegenwärtigt, zeigt jenes auf Acrylglasstäben abspulbare Rollbild, das zu den Schätzen des Archivs des Deutschen Architektur Museums gehört. Helmut Jahn hat dafür kleinformatige Skizzenblätter zusammengeklebt, die realisierte und nicht ausgeführte Skyscraper-Projekte zu einer Art Idealtypik dieser Gattung zusammenfassen. Am Anfang und am Ende dieses Rollbildes mit dem Titel ›Skyscrapers 1980/81‹ hat Jahn ein persönliches Hochhaus-Manifest gestellt, das seine Überzeugungen über den Stellenwert und den Charakter dieser Bauaufgabe widerspiegelt. Hier zeigt sich besonders eindrücklich jenes Spannungsverhältnis zwischen Zeichnungsgrößen und tatsächlichen Objektgrößen, deren grafische Auflösung den spezifischen Reiz dieser Entwurfsblätter ausmacht.

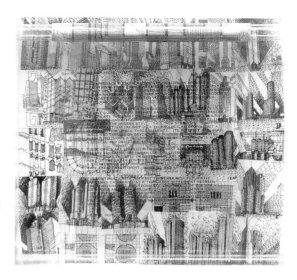

Bei dem zwischen 1979 und 1984 entstandenen großen Verwaltungsgebäude des amerikanischen Bundesstaates Illinois in Chicago, dem sogenannten State of Illinois Center (1979–1984), hat Jahn erstmals die übliche Hochhaustypologie verlassen und diesen Bau als ein variantenreich angeschnittenes Kegelstumpfsegment realisiert, das sich wie ein Teil eines größeren Ganzen darbietet. Der Bau ist in die umgebende Quadratur des Straßennetzes so eng eingepasst, dass er durch die vorhandenen Straßenfluchten wie vertikal abgeschnitten wirkt. Insofern scheint es auf den ersten Blick, als sei die Dimension des Baus für das vorhandene Grundstück zu groß geraten. Mit seinem schräg aufliegenden, deckelhaften Glasdach ergibt sich so ein typologisch gänzlich neuartiges Baugebilde, das stilistisch stärker in der Tradition der Moderne zu stehen scheint als Jahns Hochhäuser. Andererseits hat er das Erdgeschoss mit einer postmodernen Pfeilerfolge gerahmt, um zu der historischen Stadtumgebung überzuleiten. Im Inneren dann befindet sich eine durch alle Geschosse hindurchgehende Rotunde, die den innenliegenden Büroräumen natürliches Licht erlaubt und gleichzeitig einen großen öffentlichen überdachten Freiraum bildet. Die eklektische Kombination geometrischer Grundkörper – ein gedachter Würfel mit eingestelltem Kegelstumpf-Segment und einem erneut darin aufgestellten angeschnittenen Zylinder – lässt dieses Gebäude monumental erscheinen, gerade durch den Einsatz antimonumentaler Stilmittel. Heinrich Klotz schrieb anlässlich des Erwerbs des Zeichenkonvoluts zu diesem Gebäude: »Die Relativierung des Bauwerkes an seiner Umwelt (...), die Fragmentarisierung und Verwandlung der Monumentaltypologie nehmen dem öffentlichen Bauwerk den repräsentativen Charakter.«[5] Und es bleibt zu ergänzen: Die Dramatik des großen Innenraums, in dem gläserne Hightech-Charakteristika mit postmodernen farbig akzentuierten Geschossebenen in Himmelblau und pompejanischem Rot kontrastiert werden – ergänzt durch dramatisch in den Luftraum gehängte Freitreppen und gläserne Fahrstühle –, gibt dieser luziden Transparenz Monumentalität, wenn es denn überhaupt so etwas wie monumentale Transparenz geben kann. Besonders die großformatigen Blätter zu diesem Projekt zeigen auf beeindruckende Weise die grafische Brillanz dieses Architekten: In teilweise türblattgroßen Zeichnungen hat Jahn das State of Illinois Center mit farbigen Füllertuschen – immer noch mit der Charakteristik einer Skizze – in Form von gesprengten Isometrien abstrahierend dargestellt; ein zeichnerischer Modus, der unmittelbar und dialektisch mit der Charakteristik des dann realisierten Baukörpers in seiner gesplitterten und fragmentarisierten Geometrie korrespondiert.

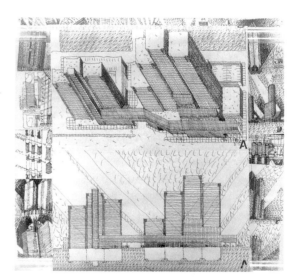

Aus den bisher angeführten Beispielen könnte man den Schluss ziehen, dass Helmut Jahn in jenem Zeitraum um 1980 im Wesentlichen nur in Chicago tätig gewesen wäre. Die weiteren Projektdokumentationen dieses Architekten im Archiv des DAM

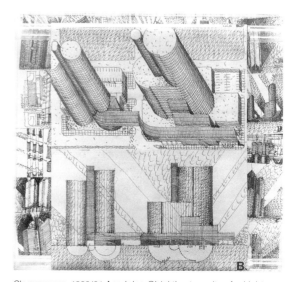

Skyscrapers, 1980/81 Acrylglas-Objektkasten mit aufgeklebten Skizzen, davor Rollbild mit aneinandergeklebten Zeichnungen
Skyscrapers, 1980/81 Acryllic box with picture attached, standing behind a montage

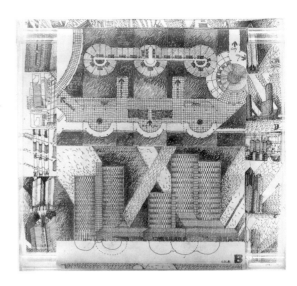

aber zeigen das Gegenteil. So gibt es in diesem Architekten-Konvolut ebenso zwei Zeichnungen für eine Conference City in Abu Dhabi (1975) wie auch eine Zeichnung für die Nationalbibliothek in Pahlavi im Iran (1978). In der Folge hat Jahn weltweit Projekte realisiert: von Südafrika, China, den Philippinen und Thailand bis nach Frankreich, Belgien, den Niederlanden und insbesondere auch in Deutschland. Wohl jedem architektonisch Interessierten hierzulande werden seine Planungen für den Potsdamer Platz in Berlin vor Augen stehen, ebenso aber auch Bauten in Frankfurt, Stuttgart oder München.

Alle diese Projekte neueren Datums und besonders jene, die in Deutschland entstanden sind, sind durch den Versuch gekennzeichnet, zwischen europäischer Moderne und amerikanischer Postmoderne eine neue zeitgenössische Synthese herzustellen. Aufbauend auf Erfahrungen seiner amerikanischen Projekte, hat Helmut Jahn damit ein spezifisches Architekturvokabular nach Deutschland reimportiert, das er ursprünglich aufgrund und mit Hilfe eines deutschen Exportes (Ludwig Mies van der Rohe und andere) in den USA selbstständig weiterentwickelt hatte. Wanderer zwischen den kulturellen Identitäten und zwischen historisch-geografisch gewachsenen ästhetischen Milieus, zumal Emigranten, sind immer zuerst Kombatanten rivalisierender kultureller Diskurse, werden aber nach ihrer Assimilation an und in den neuen Kontext oft auch zu Garanten einer interkulturellen Bereicherung, die ihre Kraft in der Dialektik von Import und Reimport ästhetischer Vokabulare entfaltet. Damit schließt sich der Kreis zu der anfangs angesprochenen kulturellen Strategie der Diffusion, einer Kulturstrategie, die Helmut Jahn paradigmatisch in seinem Werk verkörpert.

Anna Meseure

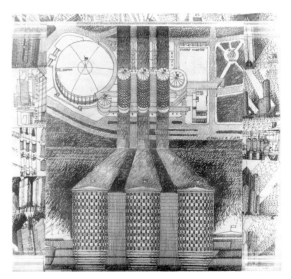

1 Der Begriff ›Diffusion‹ wurde erstmals in der Kunstwissenschaft bei Martin Warnke zur Beschreibung der Beziehungen zwischen niederländischer und italienischer Malerei des 15. und 16. Jahrhunderts verwendet.
2 Im Archiv des DAM befinden sich insgesamt 75 zum Teil großformatige Pläne bzw. Zeichnungen und Skizzen, drei Modelle zu 14 verschiedenen Projekten von Helmut Jahn aus der Zeit von 1975 bis 1984 sowie der Acrylglas-Objektkasten »Skyscrapers« von 1980/81.
3 Vgl. Charles Jencks, *Late-Modern Architecture*, London 1980, S. 15 f; S. 33 ff.
4 Vgl. Heinrich Klotz (Hrsg.), *Die Revision der Moderne. Postmoderne Architektur 1960–1980*, München 1984, S. 124.
5 Ebd. S. 122.

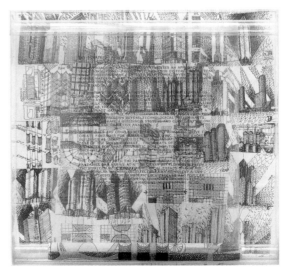

Skyscrapers, 1980/81 Acrylglas-Objektkasten mit aufgeklebten Skizzen, davor Rollbild mit aneinandergeklebten Zeichnungen
Skyscrapers, 1980/81 Acryllic box with picture attached, standing behind a montage

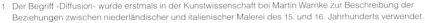

Towards the American Moderne and a return to Europe

In the œuvre of the ethnic German architect Helmut Jahn historic influences and contemporary adaptations mingle and interact. This process of assimilation may best be described as diffusion. In the Collection of the DAM there are many sketches, plans and models from Jahn's studio, well documenting the course of this development. Helmut Jahn studied architecture in Munich, moved to the USA in 1966 and completed his studies at the Illinois Institute of Technology in Chicago.

From 1976 onwards he worked for Murphy Associates in Chicago. With the sweeping glass facade of the high-rise Xerox Center in Chicago (1977–1980) he clearly looked to the early designs of Mies van der Rohe, and developed them further. This influence is even more evident in his extension for the Board of Trade Building (1978–1989), in which he seeks to reconcile the formal principles of Mies van der Rohe with existing American architecture. Jahn is not interested in applied architectural ornament, but in planar structuring of flat glass facades. This semantic turning point in high-rises of the Moderne consolidated Helmut Jahn's position in recent architectural history. In his State of Illinois Center (1979–1984) Jahn moves away from conventional high-rise typologies. With its interlocked geometric components the building apears both monumental and fragmentised at the same time. It is not without a certain glossy rhetoric and drama that would fully merit its description as high-tech style, yet the use of colour nevertheless owes much to Post-Modernism. Herein lies the brilliance of this architect— his magisterial skill in handling the dialectics of architectural history.

Since the 1980s, Jahn has undertaken major projects in various countries throughout Asia, Africa and Europe, especially in Germany. He builds on his American designs and seeks to adapt them to the respective local conditions. Regarding Germany, this involves a threefold dialectic approach: on the basis of and with the aid of German imports to America (Ludwig Mies van der Rohe et al) and influenced in the US by this newly coded interpretation of Mies van der Rohe, Jahn seeks to transpose and re-implant these elements from America to Continental Europe. In this respect, he is truly a wanderer between cultural identities and a historically and geographically rooted aesthetic context.

Anna Meseure

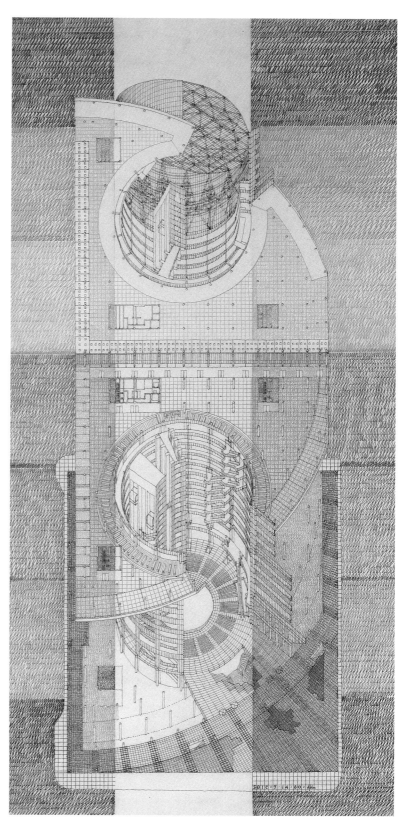

State of Illinois Center, Chicago, Axonometrie, 1980
State of Illinois Center, Chicago, Axonometry, 1980

DAM Jahresbericht 2001/2002

Ab der zweiten Jahreshälfte 2001 zeigte das DAM folgende große Ausstellungen:

- ›Helmut Jacoby. Meister der Architekturzeichnung‹
  18.8.–21.10.2001
- ›Showreiff. Studentische Entwürfe der RWTH Aachen‹
  27.10.–25.11.2001
- ›Thomas Herzog. Architektur und Technologie‹
  8.12.2001–3.3.2002
- ›Das Geheimnis des Schattens. Licht und Schatten in der Architektur‹
  23.3.–16.6.2002
- ›World Airports Weltflughäfen. Visionen und Realität/ Kultur und Technik/Geschichte und Gegenwart‹
  29.6.–22.9.2002
- ›Hugo Häring. Architekt des Neuen Bauens‹
  13.7.–22.9.2002

In der Aktuellen Galerie des DAM waren folgende Ausstellungen zu sehen:

- ›Arata Isozaki Works 70‹
  23.7.–14.10.2001
- ›Der Victoria-Turm in Mannheim‹
  25.10.–25.11.2001
- ›Licht-Architektur-Preis 2001‹
  13.3.–28.4.2002
- ›Individualität und Serie. Baukultur und Kunststoffe‹
  8.5.–9.6.2002
- ›Helmut Striffler Architekt – Fotograf Robert Häusser‹
  26.6.–25.8.2002

Sonderausstellungen in den zwölf Höfchen des DAM:

- ›Kubach – Wilmsen. Skulptur – Architektur‹
  16.1.–28.4.2002

Kleinere Ausstellungen:

- ›Skizzen von Hans Poelzig‹, anlässlich der Eröffnung der Johann-Wolfgang-Goethe Universität/Frankfurt am Main im IG-Farbenhaus
  22.10.–28.10.2001
- ›Städel diploma exhibition, Architekturklasse Ben van Berkel‹
  7.11.–21.11.2001

Zahlreiche Vorträge und Symposien widmeten sich aktuellen Fragen der Architektur:

- ›Braucht Frankfurt eine Gestaltungssatzung?‹ Podiumsgespräch mit Hubertus Adam, Manuel Cuadra, Rainer Haubrich, Christoph Mäckler und Gottfried Kiesow, Gesprächsleitung: Martin Wentz, am 19.9.2001.
- ›Mies van der Rohe Award, Emerging Architects‹, Vortrag von Florian Nagler am 5.10.2001.
- Vortragsreihe ›architektur aktuell hessen 2001‹ mit Werkberichten der Büros Niederwörmeier + Wiese, Darmstadt; Sichau + Walter, Fulda; Hytrek Thomas Weyell, Flörsheim; Seelinger + Vogels, Darmstadt; Bernd Mey, Frankfurt; Schneider + Schumacher, Frankfurt; Fritsch + Ruby, Darmstadt; Bieling + Bieling, Kassel; Ben van Berkel, Amsterdam/Frankfurt, Leitung: Manuel Cuadra, im Oktober, November und Dezember 2001.
- 4. Internationaler Frankfurter Städtebaudiskurs zu dem Thema ›Stadt und Bahnhof‹. Referenten: Giorgio Gottardi, Klaus-Peter Güttler, Matthias Hahn, Christoph Ingenhoven, Detlef Knop, Ingela Lindh, Robin Lovell,

Edwin Schwarz, Volker Sparmann, Uwe Stuckenbrock, Albert Speer, Dirk Zimmermann, im Januar 2002.

- Vortragsreihe ›Gespräche mit Baumeistern im DAM‹ mit Meinhard von Gerkan und Volkwin Marg, Oliver G. Hamm, Christoph Ingenhoven, Peter Kulka, im Januar und Februar 2002.
- Symposium ›Baukultur – Bauen als Ausdruck politischer Verantwortung‹, Referenten: Kurt Bodewig, Werner Durth, Gabriele Iwersen, Bartholomäus Kalb, Peter Kulka, Florian Mausbach, Wolfgang Neusüß, Matthias Sauerbruch, Heinrich Wefing, Gesine Weinmiller, Konrad Wohlhage; Moderation: Wolfgang Jean Stock, am 30.4.2002.
- Vortragsreihe ›Große Architekten‹ mit David Chipperfield am 17.4.2002 und Charles Correa am 20.6.2002.
- Symposium ›Beleuchtung – Erleuchtung. Positionen zu natürlichem und künstlichem Licht‹, eine Gemeinschaftsveranstaltung mit dem mak.Frankfurt, Podiumsteilnehmer: Roberto Casati, Arno Lederer, Hannes Wettstein, Moderation: Ingeborg Flagge und Peter Cachola Schmal.

Folgende Kataloge und Veröffentlichungen wurden erarbeitet:

- ›Helmut Jacoby. Meister der Architekturzeichnung‹, hrsg. v. Helge Bofinger, Wolfgang Voigt, Tübingen, Berlin 2001.
- ›Showreiff‹, hrsg. v. DAM und RWTH Aachen, Fakultät für Architektur, Tübingen 2001.
- ›Thomas Herzog. Architektur und Technologie‹, hrsg. v. Ingeborg Flagge, Verena Herzog-Loibel, Anna Meseure, München, London, New York 2001.
- ›Das Geheimnis des Schattens. Licht und Schatten in der Architektur‹, hrsg. v. Hélène Binet, Ulrike Brandi, Raoul Bunschoten, Ingeborg Flagge, Christoph Geismar-Brandi, Peter Cachola Schmal, Tübingen, Berlin 2002.
- ›World Airports Weltflughäfen. Visionen und Realität/ Kultur und Technik/Geschichte und Gegenwart‹, hrsg. v. Manuel Cuadra, Ingeborg Flagge, Hamburg 2002.
- ›Arata Isozaki Works 70‹, hrsg. v. DAM, 2001.
- ›Der Victoria-Turm in Mannheim‹, hrsg. v. Sunna Gaihofer, Andrea Schwappach, Köln 2001.
- ›Licht-Architektur-Preis 2001‹, hrsg. v. DAM und Verlagsgesellschaft Rudolf Müller, Köln 2002.
- ›Individualität und Serie. Baukultur und Kunststoffe‹, hrsg. v. Roland Burgard, Sunna Gaihofer und Initiative PVCplus, Köln 2002.
- ›Helmut Striffler Architekt – Fotograf Robert Häusser‹, hrsg. v. Ingeborg Flagge, Karlsruhe 2002.
- ›Kubach – Wilmsen. Skulptur – Architektur‹, hrsg. v. DAM und Kubach-Wilmsen, Karlsruhe 2002.

Archiv des DAM

Zu den wichtigsten Neuerwerbungen zählen ein Skizzenbuch und 13 Architekturzeichnungen von Hans Poelzig; fünf Zeichnungen von Hans Scharoun; ein großes Plankonvolut aus dem Nachlass Steinbüchl-Rheinwall; eine Zeichnung von Wolf Prix; drei handsignierte Lithographien von Tadao Ando; das Modell ›Subway Station Iidabashi‹ von Makoto Sei Watanabe, Tokio; das Modell ›Ost/Kuttner Apartment‹ von Kolatan MacDonald Studio, New York; das Modell ›ZVK‹ von Thomas Herzog & Partner; zwei Modelle des ›BMW Group Pavillon Dynaform für die IAA 2001‹ von ABB Architekten/Bernhard Franken, Frankfurt; drei Fotografien ›La Tourette‹ von Hélène Binet, London sowie das Modell ›The Surveyor's Odyssey‹ von Barkow Leibinger Architekten, Berlin.

Website

Seit Juni 2001 ist das DAM im Internet mit seiner eigenen Website –
www.dam-online.de – präsent. Außerdem wird unter der Leitung des
DAM das Architekturportal des Kulturauftritts der Stadt Frankfurt im
Internet (kultur.inm.de) erstellt.

Architekturpreise

An der Auslobung zweier wichtiger Architekturpreise ist das DAM beteiligt:
an dem alle zwei Jahre ausgelobten ›Licht-Architektur-Preis‹ und an dem
in diesem Jahr erstmals von der Messe Frankfurt gestifteten ›Architecture
& Technology Award‹, der zukünftig alle drei Jahre abwechselnd auf den
Messen ISH und der Light + Building vergeben wird.

Besucherumfrage

Im Juli und August 2001 führte PSY:PLAN in Zusammenarbeit mit der
Universität Trier eine Besucherstrukturanalyse im DAM durch. Sie erbrachte
ein erfreuliches Ergebnis: ›70 Prozent der Besucher des Deutschen
Architektur Museums wollen gerne wieder kommen.‹ Knapp jeder zehnte
Besucher des DAM ist Bürger des europäischen Auslandes, und 17% der
Gäste kommen aus außereuropäischen Ländern, vor allem den USA, Japan
und Korea.

Mäzene und Sponsoren

Die Gesellschaft der Freunde des DAM unterstützte das Museum in
vielfältiger Weise und durch Geldzuwendungen.
Die Aktivitäten im vergangenen Jahr wären ohne die großzügige Unterstützung der im Folgenden genannten Sponsoren nicht möglich gewesen:

Adler Real Estate, Artemide GmbH, Auswärtiges Amt, Berlin BDA Hessen,
Helge Bofinger, Bene Büromöbel, Bulthaup GmbH & Co KG, Bundes-
ministerium für Verkehr, Bau- und Wohnungswesen, Burkhard Leitner
Constructiv AG, CAPAROL Farbe Lacke Bautenschutz GmbH + Co Vertriebs
KG, Christ & Holtmann Werkstätte, Degussa AG, der Kluth Decke
und Licht, Deutsche Bundesstiftung Umwelt, Deutsche Lufthansa AG,
Deutsche Werkstätten Hellerau, ERCO Leuchten GmbH, Fraport Frankfurt,
Franziska und Georg Speyer`sche Hochschulstiftung, Freudenberg Bau-
systeme KG, Freundeskreis Willy-Brandt-Haus e. V., Gira Giersiepen GmbH,
Helaba, HeidelbergCement, hess Form + Licht, Hessische Kulturstiftung,
iGuzzini illuminazione Deutschland GmbH, Initiative Architektur und Baukultur,
Initiative PVCplus, Interpane Glasgesellschaft, Helmut Jacoby, Kaufmann Holz
AG, Knauf, Köhler Architekten, Messe Frankfurt, MLP Finanzdienstleistungen,
Museumskooperationspool der Stadt Frankfurt, Christoph Mäckler, Naspa
Stiftung ›Initiative und Leistung‹, Nassauische Heimstätte Wohnungs- und
Entwicklungsgesellschaft, Osram Licht GmbH, Philips AEG Licht, Tomas
Riehle, Röhm GmbH & Co KG, Mies van der Rohe Foundation Barcelona,
RWTH Aachen, RZB Leuchten Rudolf Zimmermann, Sedus Stoll AG,
Sika Chemie GmbH, Franz SILL, Siteco Beleuchtungstechnik GmbH, Spar-
kassen-Kulturstiftung Hessen-Thüringen, Stadt Frankfurt am Main Amt für
Wissenschaft und Kunst, Stiftung Bibliothek Werner Oechslin, SüdZement,
Verlagsgesellschaft Rudolf Müller, Verwaltungsgesellschaft Bürohaus Berlin
mbH, Victoria Lebensversicherung, vitra GmbH, Vivico Real Estate,
Wilkening + Hahne GmbH + Co, Wittmann Möbelwerkstätten, Zumtobel Staff,
Zusatzversorgungskasse des Baugewerbes WaG.

All diesen Förderern, aber auch manchem Mäzen, der ungenannt bleiben
möchte, gilt unser herzlicher Dank.

Gesellschaft der Freunde des DAM

Die Gesellschaft der Freunde des Deutschen Architektur Museums e. V.
wurde 1985 als eingetragener Verein ins Leben gerufen. Ihr Hauptanliegen ist,
das DAM in der Verwirklichung seiner öffentlichen Aufgaben ideell und
materiell zu unterstützen und zu fördern.

Zu den Aufgaben und Zielen des Vereins gehört:

- Vermittlung, Ankauf oder Überlassung von Plänen, Zeichnungen und
  Modellen und internationaler Architekturprojekte und von Architektur-
  nachlässen
- Personelle und materielle Unterstützung bei Veranstaltungen
  und Ausstellungen
- Unterstützung bei Anschaffungen
- Konstruktive Beratung und Anregung des DAM
- Hilfe bei mittel- und langfristiger Existenzsicherung des DAM

Mitglieder in diesem Verein sind Personen, Institutionen und Firmen,
deren Anliegen es ist, einen Beitrag zur Förderung der Qualität der gebauten
Umwelt zu leisten.

Der Mitgliedsbeitrag beträgt jährlich € 95,- als Einzelmitglied,
für Studenten € 35,-, für juristische Personen und Personen-
vereinigungen € 920,-.

Vorstand: Rolf Toyka (Vorsitzender),
Dr. Evelyn Brockhoff (stellv. Vorsitzende),
Prof. Helge Bofinger (Schatzmeister),
Marietta Andreas, Dr. Heinrich Binder,
Prof. Werner Meißner, Thomas Norweg,
Joachim Wagner und Dr. Martin Wentz.

Geschäftsstelle
Deutsches Architektur Museum
Hedderichstraße 104–110
60596 Frankfurt am Main
Telefon 069-21236741
Fax 069-9720 3366
freundeskreis.dam@stadt-frankfurt.de
www.akh.de/dam

Die Autoren   The authors

Andreas Ruby

Geboren 1966 in Dresden; Architekturkritiker und -theoretiker. Studium Kunstwissenschaft und Architekturtheorie in Köln, Paris und New York. Executive Editor bei *Daidalos* 1999– 2000; seit 2001 Korrespondent bei *Werk, Bauen und Wohnen*; Consulting für Architekturinstitutionen bei der Konzeption von Symposien, Ausstellungen und Publikationen (*Bauhaus Dessau, Archilab Orléans, Berlin-Beta Berlin* etc.). Zahlreiche Veröffentlichungen zur Architektur der Gegenwart.

Born 1966 in Dresden; architectural critic and theoretician, studied art history and art theory in Cologne, Paris and New York. 1999–2000 Executive Editor for magazine "Daidalos"; since 2001 correspondent for magazine "Werk, Bauen und Wohnen"; consultant for architectural institutions i.e. concepts for symposia, exhibitions and publications ("Bauhaus Dessau", "Archilab Orléans", "Berlin-Beta Berlin" etc.). numerous publications on contemporary architecture.

Stefan Behnisch

Geboren 1957 in Stuttgart; Philosophiestudium an der Philosophischen Hochschule der Jesuiten in München 1976–79, Volkswirtschaftsstudium Universität München 1977–79, Architekturstudium Universität in Karlsruhe 1979–87, seit 1987 im Architekturbüro Behnisch & Partner, seit 1989 Leitung des Zweigbüros Behnisch & Partner, Büro Innenstadt, jetzt Behnisch, Behnisch & Partner.

Born 1957 in Stuttgart; 1976–1979 studied philosophy at Munich Jesuit Philosophical College, 1977–1979 economics at Munich University, 1979–1987 architecture at Karlsruhe University; works since 1987 with architectural office Behnisch & Partner, since 1989 CEO of branch office Behnisch & Partner, Büro Innenstadt, now called Behnisch, Behnisch & Partner.

Christof Bodenbach

Geboren 1960 in Kestert am Rhein; Schreinerlehre, Studium der Germanistik an der Universität Frankfurt und Innenarchitektur an der FH Wiesbaden; seit 1991 bei der Akademie der Architektenkammer Hessen; Journalistenpreis des *Deuschen Architektenblatts* und der Bundesarchitektenkammer 1996; seit 1997 Lehrauftrag an der FH Wiesbaden.

Born 1960 in Kestert; carpenter apprenticeship, studied German language and literature at Frankfurt University and interior design at Wiesbaden University of applied sciences; works since 1991 with the Academy of the Architektenkammer Hessen; 1996 Journalism award of "Deutsches Architektenblatt" and Federal Chamber Bundesarchitektenkammer; eaches since 1997 at Wiesbaden University of applied sciences.

Michaela Busenkell

Geboren 1962 in Schleswig; Aufenthalt in Brüssel, Heidelberg und Barcelona; Architekturstudium in München, 1992 Diplom und Döllgastpreis der TU München. Projekte mit Markus Link 1992–96; Mitarbeit bei Andreas Meck und ZMSP Architekten München. Volontärin und Redakteurin bei *AIT* 1996–99. Inhaltliche Konzeption der Online-Architekturzeitschrift *a-matter* (www.a-matter.com); seit 1999 Editorial Director.

Born 1962 in Schleswig; lived in Brussels, Heidelberg and Barcelona; studied architecture in Munich, 1992 Diploma and Doellgast award of Munich University. 1992–1996 Projects with Markus Link; collaborated with Andreas Meck and ZMSP Architekten München. 1996–1999 Trainee and editor at "AIT". Concept of architectural web magazine "a-matter" (www.a-matter.com); since 1999 Editorial Director.

Oliver Elser

Geboren 1972; freier Architekturkritiker, Ausstellungsmacher der *Sondermodelle – Die 387 Häuser des Peter Fritz* (u. a. Berlin, Linz, Wien, DAM). Mitarbeit an der Ausstellung *Heinz Bienefeld* des DAM 1997/98.

Born 1972; freelance architectural critic, exhibition curator of "Sondermodelle – Die 387 Häuser des Peter Fritz" (Berlin, Linz, Vienna, DAM, etc). 1997/98 Collaborated for exhibition "Heinz Bienefeld" at DAM.

Ingeborg Flagge

Geboren 1942 in Oelde Westfalen; freie Architekturkritikerin und Herausgeberin. Dolmetscherstudium Englisch, seit 1965 Studium der Philosophie, Geschichte, Sanskrit, Archäologie, Ägyptologie, Alte Geschichte, Kunst- und Baugeschichte an der Universität Köln und am University College London; Promotion Köln 1971; seit 1971 Referentin für Öffentlichkeitsarbeit Bund Deutscher Architekten in Bonn, Chefredakteur in von *der architekt* 1974–1998, Bundesgeschäftsführerin BDA 1978–1983, Professorin für Baugeschichte HWTK Leipzig 1995–2000, seit Juli 2000 Direktorin des Deutschen Architektur Museums.

Born 1942 in Oelde; freelance architectural critic and publisher. Studied interpreter for English, since 1965 studied philosophy, history, Sanskrit, archaeology, Egyptology, ancient history, art and architectural history at Cologne University and at University College London; 1971 PhD Cologne; since 1971 PR Officer for Bund Deutscher Architekten BDA at Bonn, 1974–1998 Chief Editor of "der architekt", 1978–1983 CEO of BDA, 1995–2000 professor for architectural history at Leipzig HWTK, since July 2000 Director of Deutsches Architektur Museum.

Yorck Förster

Geboren 1964; Studium der Philosophie, Soziologie und Kunstpädagogik an der Universität Frankfurt am Main, freier Mitarbeiter des Deutschen Architektur Museums.
Born 1964; studied philosophy, sociology and art history at Frankfurt University, collaborator at DAM.

Meinhard von Gerkan

Geboren 1935 in Riga/Lettland, Diplom an der TU Braunschweig 1964; seit 1965 freiberuflicher Architekt, zusammen mit Volkwin Marg; mehr als 350 Preise in nationalen und internationalen Wettbewerben mit Volkwin Marg, darunter mehr als 150 erste Preise; seit 1974 Lehrstuhl für Entwerfen TU Braunschweig; Gastprofessor an der Nihon Universität in Tokio 1988, Gastprofessor an der Universität von Pretoria 1993. Berufung in die Freie Akademie der Künste in Hamburg 1972, Honorary Fellow des American Institute of Architects und Ehrenauszeichnung der Mexikanischen Architektenkammer 1995, Fritz-Schumacher-Preis 2000, Außerordentliches Mitglied der Berlin-Brandenburgischen Akademie der Wissenschaften 2002.
Born 1935 in Riga/Latvia, Architecture Diploma at Braunschweig University 1964; since 1965 freelance architect, in partnership with Volkwin Marg; more than 350 awards in national and international competitions, including more than 150 first prizes; since 1974 professor for architectural design at Braunschweig University; 1988 guest professor at Tokyo Nihon University and 1993 at Pretoria University. 1972 Member of Hamburg Free Academy of Arts, 1995 Honorary Fellow of American Institute of Architects and honorary award of Mexican Institute of Architects, Fritz-Schumacher-Prize 2000, since 2002 extraordinary member of Berlin-Brandenburg Academy of Sciences.

Oliver G. Hamm

Geboren 1963 in Limburg/Lahn, Architekturkritiker; Architekturstudium Fachhochschule Darmstadt, Diplom 1989. Redakteur der *db Deutsche Bauzeitung* 1989–92 und der *Bauwelt* 1992–98. Chefredakteur von *VfA Profil – Das Architekten-Magazin* 1998, *polis* 1999, und seit 2000 des *DAB Deutsches Architektenblatt*.
Born 1963 in Limburg/Lahn, architectural critic; studied architecture at Darmstadt University of applied sciences, Diploma 1989. 1989–1992 Editor of "db Deutsche Bauzeitung" and 1992–1998 of "Bauwelt". 1998 Chief Editor of "VfA Profil – Das Architekten-Magazin", 1999 of "polis", and since 2000 of "DAB Deutsches Architektenblatt".

Ulrich Höhns

Geboren 1954; Architekturstudium Hochschule für bildende Künste Hamburg, Diplom; Architekturhistoriker und Kritiker. Wissenschaftlicher Leiter des Schleswig-Holsteinischen Archivs für Architektur und Ingeniuerbaukunst.
Born 1954; studied architecture at Hamburg School of Arts, Diploma; architectural historian and critic. Scientific head of Schleswig-Holstein Archive for Architecture and Civil Engineering.

Peter Hübner

Geboren 1939 in Kappeln, Orthopädieschuhmacherlehre in Kiel, Architekturstudium an der Universität Stuttgart, Diplom 1968, Lehrauftrag ›Bauen mit Kunststoffen‹, Universität Stuttgart; plus+ freier Architekt BDA 1978, Stipendiat Villa Massimo 1979, Professor für ›Baukonstruktion und Entwerfen‹ an der Universität Stuttgart 1980, plus+bauplanung GmbH Hübner · Forster · Eggler 1996, plus+bauplanung GmbH Hübner · Forster · Hübner 1999.
Born 1939 in Kappeln, orthopedic shoemaker apprenticeship in Kiel; studied architecture at Stuttgart University, Diploma 1968; taught "building with plastics" at Stuttgart University; 1978 own office plus + architect BDA, 1979 Villa Massimo Rome scholarship, 1980 professor institute for building construction and design at Stuttgart University, 1996 office renamed plus + bauplanung GmbH Hübner · Forster · Eggler, since 1999 plus + bauplanung GmbH Hübner · Forster · Hübner.

Ursula Kleefisch-Jobst

Geboren 1956; Studium der Kunstgeschichte, Archäologie und Germanistik in Bonn, München und Rom, Promotion 1985 über die Architektur der Bettelorden in Italien. Dreijähriger Forschungsaufenthalt Bibliotheca Hertziana. Landesamt für Denkmalpflege in Berlin 1989–90. Seit 1991 freie Architekturkritikerin, seit 2001 freie Kuratorin am Deutschen Architektur Museum.
Born 1956; studied art history, archaeology and German language at Bonn, Munich and Rome. 1985 PhD on the architecture of religious orders in Italy; research fellow at Rome Bibliotheca Hertziana; 1989–1990 worked at office for preservation of monuments in Berlin; since 1991 freelance architectural critic; since 2001 freelance curator at Deutsches Architektur Museum.

Karin Leydecker

Geboren 1956; Architekturhistorikerin und Kritikerin mit Arbeitsschwerpunkt Architektur und Design im 19. und 20. Jahrhundert. Studium Kunst- und Architekturgeschichte, Germanistik, Theologie in Mainz und Karlsruhe; Promotion.

Born 1956; architectural historian and critic with emphasis on architecture and design of the 19. and 20. Century; studied art and architectural history, German language, theology at Mainz and Karlsruhe Universities; PhD.

Gerd Dieter Liedtke
Geboren 1951, Studium Theaterwissenschaften, Architektur, Germanistik in Erlangen und Berlin, M. A. 1985, seit 1971 Journalist; Veröffentlichungen zu Kultur, Architektur und Denkmalpflege, seit 1987 Korrespondent der Redaktion *Kultur aktuell* des Bayerischen Rundfunks, Lehraufträge, Gründungsinitiative für *bauLust e.V. – Projekt für Architektur + Öffentlichkeit* in Nürnberg 1995; Preis des Deutschen Nationalkomitees für Denkmalschutz 1988.
Born 1951; studied dramatics, architecture and German language at Erlangen and Berlin, 1985 M. A., since 1971 journalist; publishes on culture, architecture and preservation of monuments; since 1987 correspondent of magazine "Kultur aktuell" of Bayerischer Rundfunk; teaches; 1995 founder of "bauLust e.V. – Projekt für Architektur + Öffentlichkeit" at Nuremberg; 1988 Prize of German national committee on the preservation of monuments.

Thomas Mellins
Geboren in New York 1957. Architekturhistoriker und Co-Autor von drei Büchern über Architektur und Städtebau von New York. Korrespondent bei *Architectural Record*, Beiträge für die *New York Times*. Drehbuchautor für *Pride of Place*, einer TV-Serie über amerikanische Architektur. Ernennung zum Centennial Historian of New York City 1999. Gastkurator am National Building Museum Washington, D.C.
Born in New York 1957; architectural historian and co-author of three books on architecture and urban planning in New York; correspondent at "Architectural Record", contributions for the "New York Times"; script writer for "Pride of Place", a TV-series on American architecture; 1999 appointed Centennial Historian of New York City; guest curator at National Building Museum Washington, D.C.

Anna Meseure
Geboren 1953; Kunsthistorikerin; wissenschaftliche Mitarbeiterin des Museums am Ostwall in Dortmund 1983–1990; seit 1990 Kuratorin am Deutschen Architektur Museum.
Born 1953; art historian; 1983–1990 scientific collaborator at Dortmund Museum am Ostwall; since 1990 curator at Deutsches Architektur Museum.

Enrico Santifaller
Geboren 1960; Studium Geschichte und Soziologie; Volontariat bei der *Frankfurter Neuen Presse*, Redakteur der *Offenbach Post,* später Online-Redakteur der *Deutschen*

Bauzeitschrift (DBZ). Freier Architekturjournalist und Gestalter von Online-Auftritten für Architekten, seit Frühjahr 2000 außerordentliches Mitglied im BDA.
Born 1960; studied history and sociology; trainee at newspaper "Frankfurter Neue Presse", editor at newspaper "Offenbach Post", later web editor for "Deutsche Bauzeitschrift" (DBZ); free architectural journalist and designer of websites for architects, since spring 2000 extraordinary member of BDA.

Peter Cachola Schmal
Geboren 1960 in Altötting; Aufenthalt in Multan/Pakistan, Mülheim/Ruhr, Jakarta/Indonesien, Holzminden und Baden-Baden, Architekturstudium TU Darmstadt, 1989 Diplom; Mitarbeit bei Behnisch+Partner, Stuttgart 1989, Eisenbach +Partner, Zeppelinheim 1990–1993; wissenschaftlicher Mitarbeiter bei Prof. Jo Eisele TU Darmstadt 1992–97; Lehrauftrag für ›Entwerfen‹, Fachhochschule Frankfurt 1997–2000; seit 1992 freier Architekturkritiker, seit 2000 Kurator am Deutschen Architektur Museum.
Born 1960 in Altoetting; lived in Multan/Pakistan, Muelheim/Ruhr, Jakarta/Indonesia, Holzminden and Baden-Baden; studied architecture at Darmstadt University, 1989 Diploma; 1989 worked at Behnisch+Partner, Stuttgart, 1990–1993 at Eisenbach+Partner, Zeppelinheim; 1992–1997 scientific collaborator of Prof. Jo Eisele at Darmstadt University; 1997–2000 taught design at Frankfurt University of applied sciences; since 1992 freelance architectural critic, since 2000 curator at Deutsches Architektur Museum.

Cor Wagenaar
Geboren 1960; Studium Geschichte Universität Groningen, Promotion über den Wiederaufbau von Rotterdam, nach 1990 Projekte mit der Niederländische Forschungsgemeinschaft, Fünf-Jahres-Projekt der Königlichen Niederländischen Akademie der Wissenschaften zum Werk von J. J. P. Oud; wissenschaftlicher Mitarbeiter der TU Delft und der Universität Groningen für ein internationales Forschungsprojekt über Krankenhäuser.
Born 1960; studied history at Groningen University Netherlands, PhD on the re-construction of Rotterdam, after 1990 projects with the Dutch research community, five-year project of the Royal Dutch academy of sciences on the works of J. J. P. Oud; scientific collaborator at Delft and Groningen Universities for an international research project on hospitals.

Wolfgang Voigt
Geboren 1950 in Hamburg, Architekturhistoriker. Architekturstudium Universität Hannover, Diplom 1978, Promotion 1986, Habilitation 1998; Forschung Wohnungsbaugeschichte und Lehrauftrag Hochschule Bremen 1979–1984; wissenschaftlicher Mitarbeiter an Forschungsprojekten der VW-Stiftung

und DFG an der HfBK Hamburg unter Leitung von Hartmut Frank, Jean-Louis Cohen 1986–95; dort Vertretungsprofessur ›Baugeschichte‹ 1993/94; freier Mitarbeiter am Art Institute of Chicago für Ausstellung *Building of Air Travel*, seit 1997 stellvertretender Direktor am Deutschen Architektur Museum.

Born 1950 in Hamburg; architectural historian; studied architecture at Hanover University, 1978 Diploma, PhD 1986, 1998 postdoctoral lecture qualification; 1979–1984 research on the history of urban planning and teaching assistant; 1986–1995 scientific collaborator for research projects of VW-Foundation and German research community DFG at Hamburg HfBK under the supervision of Hartmut Frank and Jean-Louis Cohen; 1993/94 deputy professor for architectural history there; freelance collaborator at Art Institute of Chicago for the exhibition "Building of Air Travel", since 1997 deputy director of Deutsches Architektur Museum.

Andrea Wahr

Geboren 1971 in Santiago, Chile; Journalismus-Studium Universidad Diego Portales, Santiago; seit 1995 Journalistin für Architektur und Design, schreibt in der Tageszeitung *El Mercurio*.

Born 1971 in Santiago Chile; studied journalism at Santiago Universidad Diego Portales; since 1995 journalist for architecture and design, writes in the daily newspaper "El Mercurio".

Gerwin Zohlen

Geboren 1950, Studium der Literaturwissenschaft, Geschichte, Philosophie an der Universität Heidelberg, akademischer Abschluss 1978, wissenschaftlicher Mitarbeiter an der Freien Universität Berlin 1978–82; Redakteur bei *IBA Berlin Neubauabteilung* 1984/87; Forschungsstipendium Stiftung Preußische Seehandlung Berlin 1985–87; seit 1982 freier Autor mit Kritik und Publizistik in Radio, Zeitung, Fernsehen, Verlagen; Buchveröffentlichungen: *Baumeister des Neuen Berlin* und *Auf der Suche nach der verlorenen Stadt.*

Born 1950; studied literature, history, philosophy at Heidelberg University, 1978 academic degree; 1978–1982 scientific collaborator Berlin Freie Universitaet; 1984–1987 editor at "IBA Berlin"; 1985–1987 research scholarship Berlin Stiftung Preussische Seehandlung; since 1982 freelance critic and publisher for radio, newspaper, TV, publishing houses; books: "Baumeister des Neuen Berlin" and "Auf der Suche nach der verlorenen Stadt".

Vitale Zanchettin

1996 Diplomarbeit am Istituto Universitario di Architettura in Venedig (IUAV) zu Borromini, Doktorarbeit zum Werk Ernst Mays, wissenschaftlicher Mitarbeiter bei den Ausstellungen John Soane und Carlo Scarpa in Vicenza IUAV. Seit 2000 wissenschaftlicher Mitarbeiter an der Abteilung für Architekturgeschichte des IUAV, Lehrbeauftragter für Architekturgeschichte, Stipendiat der Bibliotheca Hertziana.

1996 diploma thesis at Istituto Universitario di Architettura (IUAV) in Venice Italy on Borromini; PhD thesis on the work of Ernst May, scientific collaborator for the exhibitions on John Soane and Carlo Scarpa at Vicenza IUAV; since 2000 scientific collaborator at the department of architectural history at IUAV; teaching assistant for architectural history; scholarship for architectural history, scholarship of Bibliotheca Hertziana.

Architektenregister der Jahrbücher 1992–2002
Index of architects in the annuals 1992–2002

Abbildungsnachweis   Photographic Credits

Umschlag, Cover
ESO-Hotel Cerro Paranal, Chile,
    Auer+ Weber+ Architekten:
    Roland Halbe/artur

Frontispiz, Frontispiece
Stadthaus, Ostfildern,
    J. Mayer H.: David Franck

Essay Flagge
8 Achim Bednorz
9 o., top, m, Franco Borsi,
    Bernini Architetto, Mailand 1980
10 r Kurt Bauch, *Strassburg*, Berlin 1941
11 r, 12 Victor und Audrey Kennett,
    Die Paläste von Leningrad, Luzern
    und Frankfurt 1974

Essay Voigt
13 o. top, 15 u., bottom Michiko Meid,
    *Der Einführungsprozeß der europäischen
    und der nordamerikanischen
    Architektur in Japan seit 1542*,
    Köln 1977
13 u., bottom, 14 o., top Hans Hermann
    Russack, *Deutsche bauen in Athen*, Berlin
    1942
14 u., bottom *Hamburg und seine Bauten*,
    Hamburg 1895.
15 o.,top Herman Muthesius,
    Das englische Haus, Bd. I–III,
    Berlin 1904
16 DWB (Hrsg.), *Die Wohnung*,
    Ausst.Kat., Stuttgart 1927
17 Walter Gropius (Hrsg.), *Internationale
    Architektur* (Bauhausbücher Bd. 1),
    München 1925
18 Matthias Schirren (Hrsg.), *Hans
    Poelzig. Die Pläne und Zeichnungen
    aus dem ehemaligen Verkehrs- und Bau-
    museum in Berlin*, Berlin 1989
19 Sammlung des DAM

Essay Schmal
20 l. Foster + Partner
24 r. Murphy/Jahn
21 Len Grant/IWM North
22 SL-Rasch GmbH
23 Architektenbüro 4 A
24 RKW
25 o.,top LWPAC
25 m, u, bottom Dennis Gilbert/View,
    London UK
26 o., top LEESER Architekture
26 u., bottom POD
27 o., top AS&P
27 m.,u.,bottom Porsche

Essay Behnisch
28–33 Behnisch, Behnisch & Partner

Essay Gerkan
34, 38 gmp
35, 36 m. u., bottom 39 Heiner Leiska
36 o., top Chaoying Yang
37 Klaus Frahm

Zwischenseite, Opening Page 40/41,
    Luxor Theater Rotterdam,
    Bolles + Wilson: Christian Richters

Projekte Ausland, Export of Architecture
ABB, Shanghai
43, 47 Werner D. Kirgis
44 u., bottom ABB
45 Peter Seitz

Auer+Weber, Chile
48–55 Roland Halbe /artur

Barkow Leibinger, USA
56–61 Paul Warchol

Bolles + Wilson, Rotterdam
63 Jochen Helle /artur
64–67, 68 o., 69 Christian Richters
68 u., bottom Bolles + Wilson

gmp, Rimini
70–77 Klaus Frahm /artur

**Projekte Inland
Architecture in Germany**
Zwischenseite, Opening Page 78/79,
    Synagoge Dresden / Wandel Hoefer
    Lorch + Hirsch: Norbert Miguletz

**Behnisch, Behnisch & Partner,
Hannover**
81, 83, 84 o., top Christian Kandiza
84 u., bottom, 85 Martin Schodder

Braunfels, München
86–93 Jens Weber

BRT, Unterföhring
94–99 Myrzik /Jarisch

Brückner + Brückner, Würzburg
100–105 Gerhard Hagen /artur

Domenig, Nürnberg
110 Gerald Zugmann
107, 109, 111 Gerhard Hagen /artur

Henn, Dresden
116 o., top Karsten de Riese
113, 115, 116 u., bottom
    Werner Huthmacher

Kollhoff, Berlin
118–123 Ivan Nemec

J. Mayer H., Ostfildern
124–131 David Franck

Sauerbruch+Hutton, Magdeburg
132–137 Gerrit Engel

Schultes, Berlin
138–143 Werner Huthmacher

**seifert.stoeckmann@formalhaut.de,
Gelnhausen**
145, 147, 149 Quirin Leppert
148 seifert.stoeckmann@formalhaut.de

Sobek, Stuttgart
150–155 Roland Halbe/artur

Störmer, Hamburg
156–161 Klaus Frahm/artur

Wandel Hoefer Lorch + Hirsch, Dresden
162–173 Norbert Miguletz

Anhang   Appendix
Zwischenseite, Opening Page 174/175,
    State of Illionis Center, Chicago,
    Axonometrie (Detail), 1980,
    Sammlung des DAM

Essay Meseure/Jahn
176–181 Sammlung des DAM

Die Herausgeber und der Verlag danken
den Inhabern von Bildrechten, die freund-
licherweise Ihre Erlaubnis zur Veröffentlichung gegeben haben.
Etwaige weitere Inhaber von Bildrechten
bitten wir, sich mit den Herausgebern in Verbindung zu setzen.

**The editors and the publisher would like
to thank those copyright owners who
have kindly given their permission for
material from previously published works
to appear in this volume. The editiors
would be pleased to hear from any copyright holder who could not be traced.**

Impressum   Imprint

Herausgegeben von **Edited by**
Ingeborg Flagge, Peter Cachola Schmal und **and**
Wolfgang Voigt im Auftrag **on behalf of**
des Dezernats für Kultur und Freizeit,
Amt für Wissenschaft und Kunst
der Stadt Frankfurt am Main

Redaktion **Editing**   Annina Götz

© Prestel Verlag, München · Berlin · London · New York, 2002
© Deutsches Architektur Museum, Frankfurt am Main, 2002

für die abgebildeten Werke bei den Künstlern,
ihren Erben oder Rechtsnachfolgern
for the artworks with the artists, their heirs or assigns

Urhebernennungen stammen von den beteiligten Architekten selbst.
Für die Richtigkeit dieser Angaben übernehmen
das Deutsche Architektur Museum und der Prestel Verlag
keine Gewähr.
**Names of copyright holders of the material used have been
supplied by the architects themselves. Neither the Deutsches
Architektur Museum nor Prestel Verlag shall be held responsible
for any omissions or inaccurancies.**

Auf dem Umschlag **Cover** ESO-Hotel Cerro Paranal, Chile,
Auer + Weber + Architekten, Fotografie: Roland Halbe/artur
Frontispiz **Frontispiece** Stadthaus, Ostfildern,
J. Mayer H. Architekten, Fotografie: David Franck
Zwischenseiten **Opening pages** Luxor Theater **Luxor Theatre,**
Rotterdam, Niederlande **Netherlands**, Bolles + Wilson,
Fotografie: Christian Richters
und **and** Neue Synagoge **New Synagogue**, Dresden,
Wandel Hoefer Lorch + Hirsch, Fotografie: Norbert Miguletz

Die Deutsche Bibliothek verzeichnet diese Publikation in der
deutschen Nationalbiliografie; detaillierte biliografische Daten sind
im Internet über http://dnb.ddb.de abrufbar
**Die Deutsche Bibliothek lists this publication in the Deutsche
Nationalbibliografie; http://dnb.ddb.de**

Library of Congress Catalog information is available

Prestel Verlag · Königinstraße 9 · D - 80539 München
Tel. +49 (0) 89 381709-0 · Fax +49 (0) 89 381709-35

www.prestel.de

4 Bloomsbury Place · London WC1A 2QA
Tel. +44 (0)20 7323-5004 · Fax +44 (0)20 7636-8004

175 5th Ave., Suite 402 · New York, NY 10010
Tel. +1 (212) 995-2720, Fax +1 (212) 995-2733

www.prestel.com

Deutsches Architektur Museum
Schaumainkai 43, D-60596 Frankfurt am Main
Tel. +49 (0) 69 212-36313, Fax +49 (0) 212-36386
www.DAM-online.de

Übersetzungen **Translations** Ishbel Flett (deutsch-englisch /
German-English), Laura Di Gregorio (italienisch-deutsch /
Italian-German), Rolf Erdorf (niederländisch-deutsch / **Dutch-
German**), Lisa Eskuche (spanisch-deutsch / **Spanish-German**),
Gerold Hens (englisch-deutsch / **English-German**)

Koordination **Coordination** Angeli Sachs
Lektorat **Copyediting** Martina Fuchs, Kirsten Rachowiak
(deutsch **German**),
Claudine Weber-Hof, Peter Cachola Schmal
(englisch **English**)
Mitarbeit **Editorial assistance** Stella Sämann, Birgit Schmolke
Gestaltung und Herstellung **Design and production** Cilly Klotz
Reproduktion **Lithography** Longo, Bozen
Druck und Bindung **Printing and binding** Passavia, Passau

Gedruckt auf chlorfrei gebleichtem Papier
Printed on acid-free paper

Printed in Germany

ISSN 0942-7481
ISBN 3-7913-2792-5